독일문화와 함께하는
기초 독일어

김 원

부산외국어대학교 출판부

독일문화와 함께 배우는
기초 독일어

2003년 2월 31일 1판 1쇄 발행
2013년 10월 31일 1판 7쇄 발행

저 자/ **김 원**
발행인/ **정해린**
발행처/ **부산외국어대학교 출판부**
등 록/ 제 331-33100002510019880000001
주 소/ 608-738 부산광역시 남구 우암동 산 55-1
전 화/ 051)640-3439, 3440 팩스/ 051)640-3580
인터넷/ http://press.bufs.ac.kr

편 집/ 주간 · 심재륜, 디자인 · 황은석
인쇄처/ 세종문화사 (051)463-5898
공급처/ 한국출판협동조합 (02)716-5616~9

ISBN 978-89-8312-156-4 93750

값 11,000원

머 리 말

이 책은 우선 대학에서 교양 과목으로 독일어를 배우고자 하는 초보자들을 대상으로 하고 있다. 지금까지 훌륭한 독일어 교재들이 많이 간행되었지만, 아쉽게도 대학에서, 그것도 1학기 동안 교양으로 강의하기에는 적절치 않은 것도 사실이다. 더욱이 독일어를 처음 접하는 초보자들일 경우에는 더욱 그렇다. 따라서 이 책은 구성이나 내용의 완벽함을 추구하기보다는 교수와 학습의 용이성에 초점을 맞추었다.

이 책은 총 10과로 구성되어 있다. 제1과는 우선 독일어의 알파벳과 발음을 익히도록 하고 있다. 그것은 고등학교에서 제2 외국어로서 독일어를 선택하는 학생의 수가 줄어들고 있는 여파로 대학에서 교양으로 독일어를 선택하는 학생들 가운데 처음 독일어를 접하는 경우가 많기 때문이다.

제2과에서 제10과까지는 우리가 일상 생활에서 자주 접하게 되는 대화 상황이 쉽고 간단한 독일어 표현으로 구성되어 있다. 우선 설정된 상황에 맞게 꾸며진 '대화'(Dialog)가 나오고, 이어서 이 대화에서 처음 나오는 낱말이나 표현들을 제시하고 있다. 그 다음 대화를 보다 세분화하여 '익히기'(Lernen)를 한 다음, '종합연습 Alle zusammen'으로 여러 가지 일어날 수 있는 대화 상황을 점검할 수 있도록 하고 있다. 그 다음 '문법'(Grammatik) 편에서는 주로 대화에서 나오는 문법 사항을 간단히 정리하고 있다.

각 장의 끝에는 독일의 문화를 간단히 소개하고 있다. 이는 외국어는 그 나라의 문화와 함께 배울 때 더욱 그 효과가 크다는 점을 고려한 것이다. 이것은 또한 이 책이 다른 기존의 책들과 다른 점이기도 하다.

그리고 한 가지 덧붙이자면, 이 책이 전적으로 필자의 독창적인 산물이라고는 말할 수 없다. 필자가 재직하고 있는 대학에서 타과 학생들을 대상으로 한 <기초독일어>라는 강좌를 위해 준비한 강의록을 중심으로, 독일과 국내에서 이미 출판되어 있는 관련 도서를 많이 참조한 것이기 때문이다. 따라서 일일이 각주를 달아 그 참고 내용을 명기해야 옳을 것이다. 그러나 이 책의 특성이 초보용 교재의 성격을 갖는 것이라서 그러지 못했음을 참고 도서의 저자들께 거듭 사과 드린다.

필자의 부족한 역량 때문에 미흡한 점이 많아 집필을 마치고도 많은 아쉬움이 남는다. 그럼에도 불구하고 이 책이 나오는 데 도움을 준 동료 Hartwig 교수님께 이 자리를 빌어 고마움을 전하고 싶다.

2003. 3월 우암골에서
김 원

Inhalt

Landeskunde

LEKTION 1

Das Alphabet & die Aussprache

1. 독일어 알파벳(das deutsche Alphabet)

대문자	소문자	명칭	대문자	소문자	명칭
A	a	[a:]	Q	q	[ku:]
B	b	[be:]	R	r	[ɛr]
C	c	[tse:]	S	s	[ɛs]
D	d	[de:]	T	t	[te:]
E	e	[e:]	U	u	[u:]
F	f	[ɛf]	V	v	[fau]
G	g	[ge:]	W	w	[ve:]
H	h	[ha:]	X	x	[ɪks]
I	i	[i:]	Y	y	[ýpsilɔn]
J	j	[jɔt]	Z	z	[tsɛt]
K	k	[ka:]			
L	l	[ɛl]	Ä	ä	[ɛ:]
M	m	[ɛm]	Ö	ö	[ø:]
N	n	[ɛn]	Ü	ü	[y:]
O	o	[o:]			
P	p	[pe:]	ß		[ɛstsɛt]

▶ 독일어의 알파벳은 영어에서 사용되는 26개의 자모 이외에 ß와 변모음 Ä, Ö, Ü가 있다.

▶ 모음 a, o, u 위에 있는 점(··)을 "변모음" 또는 "움라우트(Umlaut)"라고 하며, ä는 a Umlaut, ö는 o Umlaut, ü는 u Umlaut라고 읽는다.

▶ 독일어의 발음은 알파벳의 명칭과 직접적인 관련이 있다.

▶ E는 [e:], I는 [i:]이다. 영어와 혼동하기 쉬우니 유의해야 한다.

▶ V [fau]와 W [ve:]는 둘 다 윗니로 아래 입술을 누르는 듯한 기분으로 발음하는 순치음(이입술소리)이다.

▶ ß는 독일어 특유의 문자로, 그 명칭에서 알 수 있듯이 SZ에서 유래하였다. ß는 낱말의 첫 글자로는 쓰이지 않으며, 소문자 밖에 없다. 대문자로 표기할 때는 SS로 바꾸어 쓴다.

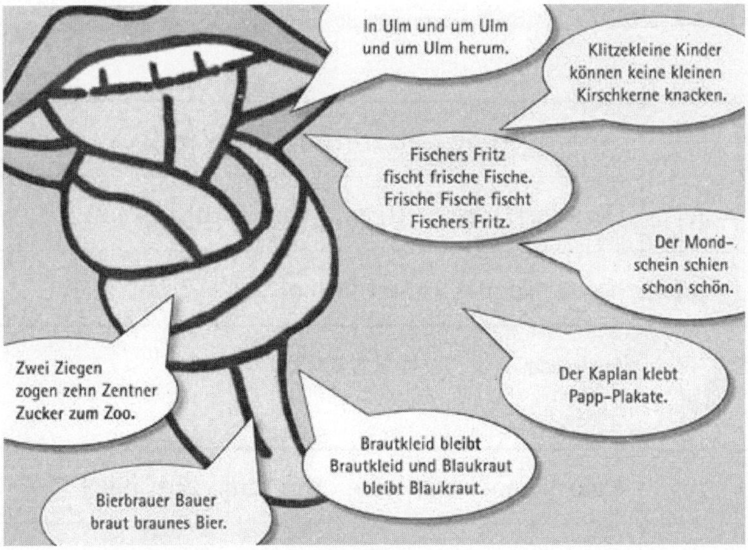

< Zungenbrecher >

2. 발음(Aussprache)

1 모음(Vokale)

1) 단모음(Einfache Vokale)

○ **a, e, i, o, u**

a	[a:]	Abend [á:bənt] Tag [ta:k] Jahr [ja:r] Staat [ʃta:t]
	[a]	Mann [man] Land [lant] Taxi [táksi] das [das]

▷ 독일어에서 중모음(Doppelvokale)으로 나타날 수 있는 경우는 aa, ee, oo인데, 이들은 하나의 모음(장모음)으로 발음한다. 예: Staat [ʃta:t], Tee [te:], Boot [bo:t].

e	[e:]	geben [gébən] sehen [zé:ən] Tee [te:]
	[ɛ]	Herr [hɛr] essen [ɛ́sən] Heft [hɛft] es [ɛs]
	[ə]	Name [ná:mə] lesen [lézən]

▷ [ə]는 중얼거림소리(Murmellaut)로서 비강세 음절에서만 나타난다.

i	[i:]	Kino [kí:no] wir [vi:ɐ] ihn [i:n] hier [hi:ɐ]
	[i]	billig [bíliç] Tilli [tíli] ich [iç] Gift [gift]

o	[o:]	rot [ro:t] Foto [fó:to] wohnen [vó:nən] Zoo [tso:]
	[ɔ]	kommen [kɔ́mən] noch [nɔx] dort [dɔrt]

u	[u:]	gut [gu:t] Fuß [fu:s] **Uhr** [u:ɐ] Sch**uh** [ʃu:]
	[u]	Butter [bútər] Mutter [mútər] und [unt] **u**ns [uns]

2) 변모음(Umlaut)

○ ä, ö, ü

ä	[ɛ:]	spät [ʃpɛ:t] Träne [trɛ́:nə] Bär [bɛ:ɐ]
	[ɛ]	Männer [mɛ́nər] März [mɛrts] hängen [hɛ́ŋən]

ö	[ø:]	schön [ʃø:n] König [kǿ:niç] Brötchen [brǿ:tçən]
	[œ]	können [kœ́nən] öffnen [œ́fnən] zwölf [tsvœlf]

ü	[y:]	Übung [ý:buŋ] Schüler [ʃý:lər] kühl [ky:l]
	[ʏ]	müssen [mʏ́sən] fünf [fʏnf] hübsch [hʏpʃ]

3) 이중모음(Diphtonge)

○ 이중모음이란 서로 다른 두 개의 모음이 겹치는 모음을 말한다.

ai, ay	[ai]	K**ai**ser [káizər]	B**ay**ern [báiərn]
ei, ey		**Ei**s [ais]	M**ey**er [máiər]

au	[au]	**Au**to [auto]	Fr**au** [frau]

eu	[ɔy]	Fr**eu**nd [frɔynt]	n**eu** [nɔy]
äu		Fr**äu**lein [frɔylain]	Geb**äu**de [gəbɔydə]

ie	[i:]	B**ie**r [bí:ɐ]	l**ie**ben [lí:bən]
	[iə]	Famil**ie** [famíliə]	Fer**ie**n [fériən]

4) 모음의 장단

(1) 길게 발음하는 경우

① 모음 + 단자음 + (모음)

Vater haben Tag

(예외) das, es, was, ab, in, mit, von, man ....

② 중모음

Paar Tee Boot

③ 이중모음 ie [i:]인 경우

sieben lieben sie

(주의) Asien, Italien, Familie, Ferien, Linie 등은 [iə]로 발음한다.

④ 모음 + h (이 경우 h는 무성음으로 '장음부호의 h'라고도 한다.)

fahren Sohn gehen

(2) 짧게 발음하는 경우

① 모음 + 중자음

treffen kommen nennen

② 모음 + 복자음

oft finden Morgen

③ 모음 + x

Taxi Text Examen

2 자음 (Konsonanten)

1) 단자음(Einfache Konsonanten)

b	[b]	단어의 처음, 모음 앞	**B**rille [brílə] ge**b**en [gébən]
	[p]	단어의 끝, 자음 앞	hal**b** [halp] Her**b**st [hɛrpst]

d	[d]	단어의 처음, 모음 앞	**d**rei [drai] En**d**e [é:ndə]
	[t]	단어의 끝, 자음 앞	Kin**d** [kint] en**d**lich [éntliç]

g	[g]	단어의 처음, 모음 앞	**g**ehen [gé:ən] fra**g**en [frá:gən]
	[k]	단어의 끝, 자음 앞	Ta**g** [ta:k] mö**g**lich [mǿ:kliç]

h	[h]	단어나 음절의 처음	**H**aus [haus] Kind**h**eit [kínthait]
	[:]	모음 + h	U**h**r [u:ɐ] se**h**en [zéən]

j	[j]	Jahr [ja:r] Jugend [jú:gənt] Japan [já:pan]

s	[z]	모음 앞	sagen [zágən] gesund [gəzúnt]
	[s]	단어 끝, 자음 앞	Haus [haus] Fenster [fénstər]

v	[f]	고유어	Vater [fátər] vier [fi:ɐ] Volk [fɔlk]
	[v]	외래어	Vase [vázə] Violine [violí:nə] Klavier [klaví:ɐ]

w	[v]	Wald [valt] Wein [vain] wieder [ví:dər]

z	[ts]	zehn [tse:n] Zeit [tsait] Zoo [tso:]

2) 중자음 (Doppelkonsonanten)

○ 하나의 자음으로 발음한다.

kommen [kɔmən]　　nennen [nɛnən]

Brille [brílə]　　Koffer [kɔfər]

3) 복자음 (Zusammengesetzte Konsonanten)

ck	[k]	dick [dik] Zucker [tsúkər]

dt, th	[t]	Sta**dt** [ʃtat] **Th**ema [té:ma]

ch	[x]	· a, o, u, au + ch
		a**ch**t [axt] no**ch** [nɔx] Bu**ch** [bu:x] au**ch** [aux]
	[ç]	· 그 이외의 모음, 자음 + ch
		i**ch** [iç] Mil**ch** [milç] eu**ch** [ɔyç] **Ch**ina [çí:na]
	[k]	· 라틴어 계통
		Christ [krist] **Ch**arakter [karáktər] **Ch**aos [ká:ɔs]
	[ʃ]	· 불어 계통
		Chef [ʃɛf] **Ch**anson

chs	[ks]	Fu**chs** [fuks] wa**chs**en [váksən] se**chs** [zeks]

ds	[ts]	aben**ds** [á:bənts] Lan**ds**mann [lántsman]

ts	[ts]	nach**ts** [naxts] nich**ts** [niçts]

tz	[ts]	je**tz**t [jɛtst] Ka**tz**e [kátsə]

-tion	[tsió:n]	· 외래어
		Na**tion** [natsió:n] Intona**tion** [intonatsió:n]

-ig	[-iç]	단어의 끝, 자음 앞	billig [bíliç] König [kǿ:niç]
	[k]	모음 앞	billiger[bíligər] Königin[kǿ:nigin]

ng	[ŋ]	lang [laŋ] singen [zíŋən]

nk	[ŋk]	danken [dáŋkən] Onkel [ɔ́ŋkəl]

pf	[pf]	Apfel [ápfəl] Pferd [pfe:rt]

qu	[kv]	Quelle [kvɛlə] Qualität [kvalitɛ́:t]

ss, ß	[s]	essen [ɛ́sən] Wasser [vásər] Fuß [fu:s] groß [gro:s]

sp-	[ʃp-]	단어의 처음, 음절의 처음	Sprache [ʃprá:xə] Spiel [ʃpi:l]
st	[ʃt-]		Straße [ʃtrásə] aufstehen [áufʃte:ən]

※ sp나 st가 단어 끝이나 중간에 오는 경우에는 [sp]와 [st]로 발음한다.

예: Kunst [kunst], Nest [nɛst], lispeln [líspəln]

sch	[ʃ]	Schule [ʃú:lə] Tisch [tiʃ]

tsch	[kʃ]	Deutsch [dɔytʃ] Dolmetscher [dɔ́lmɛtʃər]

3 강세 (Akzent)

1) 독일어 낱말의 강세는 대부분 첫음절에 있다.
- 단일어: Ábend, Ónkel, fáhren, géhen
- 합성어: Rótwèin, Háusfràu, Sómmerfèrien

(합성어는 첫 낱말에 제1강세가 있고, 다음 낱말에 제2강세가 있다.)

2) 비분리 전철(be-, er-, ge-, ver-, zer-, ent-, emp-, miss-)이 있는 낱말은 비분리 전철 다음에 강세가 있다.

bekómmen, erhálten, gefállen, verstéhen

3) 분리 전철(an-, ab-, auf-, frei-, mit-, teil-, spazieren- ....)이 있는 낱말은 분리 전철에 강세가 있다.

ánkommen, ábfahren, áufstehen, téilnehmen, spazierengehen

4) 합성부사는 뒤에 강세가 있다.

wohér, wohín, alléin, heráuf, überáll

5) 라틴어 계통의 외래어는 대체로 뒤에 강세가 있다.

Hotél, Studént, Musík, Natión, Telefón, Proféssor

6) 외래어 접미사 -ei, -ier, -ie, -ieren, eien는 접미사에 강세가 있다.

Arznéi, Offizíer, Melodie, studíeren, prophezéien

확인학습

1 밑줄 친 부분이 장모음으로 발음되는 것은?

1. ① Vater ② Onkel ③ Mann ④ das ⑤ kommen
2. ① Himmel ② Mutter ③ Kind ④ danken ⑤ Uhr
3. ① Morgen ② Staat ③ Zimmer ④ helfen ⑤ bitten

2 밑줄 친 부분이 단모음으로 발음되는 것은?

1. ① Stadt ② Abend ③ geben ④ Boot ⑤ fahren
2. ① Haar ② Sonne ③ Leben ④ lieben ⑤ sehen

3 다음 낱말 중에서 밑줄 친 부분의 발음이 다른 것은?

1. ① noch ② Buch ③ ich ④ auch ⑤ acht
2. ① fahren ② Vater ③ helfen ④ Vase ⑤ vier

4 왼쪽 낱말의 밑줄 친 부분과 같은 발음이 되는 것은?

1. **geben** ① Tag ② König ③ fragen ④ Magd
2. **Sprache** ① sehen ② Stadt ③ Obst ④ meist

5 강세의 위치가 잘못된 것은?

1. ① fáhren ② besúchen ③ aufstéhen ④ ántworten
2. ① Váter ② érhalten ③ bekómmen ④ Studént

6 다음 낱말들을 발음해 보시오.

genug, Gnade, Träne, hoch, Größe, Leben, Mut, Güte, Liebe, Ratte, Messer, Gott, können, lustig, füllen, bitte, besser, braun, lachen, Nase, Raum, klingen, jung, Garage, lesen, gewinnen, bewachen, Licht, Schönheit, Wissen, Freund, Margarine, melden, bauen, Kaffe, tapfer, Pelz, Haus, leise, kaufen, Häuser, Pfeffer, Zucker

Landeskunde

독일의 현재 모습

- 공식 국명 : 독일 연방공화국 (Bundesrepublik Deutschland)
- 수도 : 베를린
- 국기 : 검정-빨강-황금색의 삼색기
- 국가 : 『독일인의 노래』
- 위치 : 중부유럽. 북위 47.5~55°동경 6~15°(한국 33~43°, 124~132°)
- 한국과의 시차 : 8시간 (서머타임 기간에는 7시간)
- 면적 : 356,978㎢ (한반도의 1.6배, 남한의 3.6배)
- 인구 : 8,254만 명(2002년 12월 31일 기준)
- 민족 : 게르만족 (전체의 98%)
- 언어 : 독일어
- 종교 : 기독교 (그 중 카톨릭과 개신교가 각각 절반 가량을 차지)
- 기후 : 북서부는 온대해양성 기후, 북동부와 남부는 대륙성 기후의 영향을 주로 받음.
- 국가형태 : 연방주의 · 민주주의 · 의원내각제 · 사회복지주의의 법치국가
- 국가구성 : 16개의 연방주가 모여 하나의 연방을 이룸.
- 정치체제 : 의원내각제
- 의회제도 : 양원제 (연방하원: 분데스탁, 연방상원: 분데스라트)
- 현 연방수상 : 게르하르트 슈뢰더 (Gerhard Schröder)
- 현 연방대통령 : 요하네스 라우 (Johannes Rau)
- 독일 통일 날짜 : 1990년 10월 3일
- 인접국가 : 9개국 (덴마크, 네덜란드, 벨기에, 룩셈부르크, 프랑스, 스위스, 오스트리아, 체코, 폴란드)
- 독일의 대도시 : 베를린, 함부르크, 뮌헨, 쾰른, 프랑크푸르트

<독일의 지형>

DÄNEMARK
Nordfriesische Inseln
Flensburg
Fehmarn
Rügen
Kiel
Stralsund
Rostock
Ostfriesische Inseln
Lübeck
Wilhelmshaven
Bremerhaven
Hamburg
Schwerin
Müritz
NIEDERLANDE
Oldenburg
Bremen
Lüneburg
Lüneburger Heide
Weser
Elbe
Havel
POLEN
Oder
Aller
Potsdam
Berlin
Hannover
Braunschweig
Brandenburg
Frankfurt an der Oder
Ems
Osnabrück
Bielefeld
Hildesheim
Magdeburg
Münster
Weser
Leine
Harz
Paderborn
Dessau
Cottbus
Neiße
Duisburg
Essen
Dortmund
Ruhr
Göttingen
Halle
Elster
Lausitz
Wuppertal
Kassel
Leipzig
Mönchen-gladbach
Düsseldorf
Sauerland
Fulda
DEUTSCHLAND
Köln
Werra
Eisenach
Erfurt
Dresden
Aachen
Elbe
Bonn
Siegen
Marburg
Jena
Gera
Chemnitz
Thüringer Wald
Erzgebirge
BELGIEN
Rhein
Gießen
Wetzlar
Fulda
Zwickau
Koblenz
Taunus
Eifel
Rhön
Mosel
Wiesbaden
Frankfurt am Main
Main
LUXEMBURG
Hunsrück
Mainz
Darmstadt
Bayreuth
Trier
TSCHECHIEN
Bamberg
Würzburg
Saar
Ludwigshafen
Mannheim
Erlangen
Saarbrücken
Kaisers-lautern
Heidelberg
Nürnberg
Fränkische Alb
Heilbronn
Regensburg
Karlsruhe
Pforzheim
FRANKREICH
Stuttgart
Donau
Ingolstadt
Passau
Baden-Baden
Schwarzwald
Neckar
Schwäbische Alb
Landshut
Rhein
Augsburg
Isar
Ulm
Inn
Freiburg
München
Feldberg 1493
Ammersee
Starnberger See
Bodensee
Konstanz
Zugspitze 2963
LIECHTEN-STEIN
SCHWEIZ
ÖSTERREICH
0
50
100
150
200 Kilometer
ITALIEN

LEKTION 2

Guten Tag!

Guten Tag! Hello!

Hallo!
Hello!

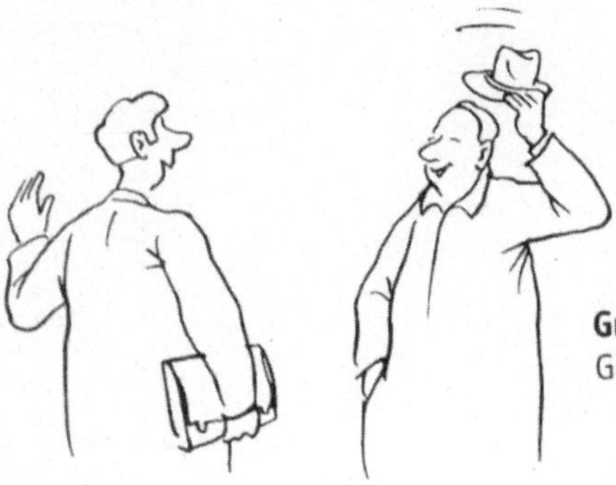

Guten Tag!
Good day!

Auf Wiedersehen!
Good bye!

War nett, Sie getroffen zu haben.
It was nice to have met you.

Dialog

Guten Tag!

Kim	Guten Tag!
Schmidt	Guten Tag!
Kim	Mein Name ist Namil Kim. Und wie heißen Sie?
Schmidt	Ich heiße Peter Schmidt.
Kim	Woher kommen Sie, Herr Schmidt?
Schmidt	Ich komme aus Deutschland.
Kim	Kommen Sie aus Berlin?
Schmidt	Nein, aus Frankfurt. Und Sie?
Kim	Ich komme aus Pusan, Korea.
Schmidt	Wo wohnen Sie jetzt?
Kim	Ich wohne jetzt in Mannheim.
Schmidt	Entschuldigen Sie, Herr Kim! Da kommt mein Bus. Ich fahre nach Haus. Auf Wiedersehen!
Kim	Auf Wiedersehen, Herr Schmidt!

새로운 단어 및 표현

gut 좋은

der Tag 낮, 하루

Guten Tag! 안녕하세요?

mein 나의

der Name 이름

wie 어떻게, 얼마나 (의문부사)

heißen ~라고 불리다.

Sie 당신은 (2인칭 대명사, 존칭)

ich 나는 (1인칭 대명사)

und 그리고

woher 어디로부터, 어디에서

kommen 오다

aus ~에서 (전치사)

jetzt 지금, 이제

wo 어디에 (의문부사)

wohnen 살다, 거주하다

in ~에서 (전치사)

Entschuldigen Sie! 죄송합니다!, 실례합니다!

der Herr 신사, 남자, 남성

der Bus 버스

fahren 타고 가다

nach ~쪽으로, ~후에

Auf Wiedersehen! 또 봅시다!

해석

앞의 대화에서 중요한 부분을 채워봅시다.

안녕하세요!

Kim	안녕하세요!
Schmidt	안녕하세요!
Kim	제 이름은 김남일입니다. ________________________ ?
Schmidt	저는 페터 슈미트라 합니다.
Kim	________________________ , 슈미트씨?
Schmidt	저는 독일에서 왔습니다.
Kim	베를린에서 오셨습니까?
Schmidt	아니요. 프랑크푸르트에서 왔습니다. 당신은요?
Kim	________________________ .
Schmidt	________________________ ?
Kim	저는 지금 만하임에 살고 있습니다.
Schmidt	________________________ ! 저기 버스가 오는군요. 집에 갑니다. 또 봅시다!
Kim	________________________ !

Lernen

인사하기

● 만날 때 인사

아침 인사	A: Guten Morgen! B: Guten Morgen!
낮 인사	A: Guten Tag! B: Guten Tag!
저녁 인사	A: Guten Abend! B: Guten Abend!
가벼운 인사	A: Hallo! B: Hallo!

● 헤어질 때 인사

A: Auf Wiedersehen! B: Auf Wiedersehen!	▶ 특별한 약속이 없는 일반적인 형식의 인사
A: Tschüs! B: Tschüs!	▶ 친한 사이 ▶ 최근에는 구분 없이 널리 사용

밤 인사	A: Gute Nacht! B: Gute Nacht!	▶ 밤에 헤어지면서 또는 잠자리에 들면서 하는 인사

전화 상으로	A: Auf Wiederhören! B: Auf Wiederhören!

연습!

Partnerarbeit

위의 내용을 옆 사람과 연습해 봅시다.

이름 묻기

A: Wie heißen Sie?
B: Ich heiße Thomas Meyer.

A: Wie heißt du?
B: Ich heiße Peter.

A: Wie ist Ihr Name, bitte?
B: Mein Name ist Thomas Meyer.

A: Wie ist dein Name?
B: Mein Name ist Peter.

연습!

Partnerarbeit

앞의 내용을 옆 사람과 역할을 바꾸어 가면서 연습해 봅시다.

출신 및 거주지

● 출신

A: Woher kommen Sie?
B: Ich komme aus Korea.

A: Woher kommst du?
B: Ich komme aus Deutschland.

A: Woher kommt Hans?
B: Er kommt aus Berlin.

● 사는 곳

A: Wo wohnen Sie?
B: Ich wohne in Berlin.

A: Wo wohnst du?
B: Ich wohne in Annastraße.

A: Wo wohnt Petra?
B: Ich wohne in Hamburg.

● 국가 · 사람 · 언어 · 수도

- Korea - Koreaner/-in - koreanisch - Seoul
- Deutschland - Deutscher/Deutsche - deutsch - Berlin
- England - Engländer/-in - englisch - London
- Frankreich - Franzose/Französin - französisch - Paris
- Italien - Italiener/-in - italinisch - Rom
- die Niederlande - Niederländer/-in - niederländisch - Amsterdam
- Österreich - Österreicher/-in - deutsch - Wien
- Spanien - Spanier/-in - spanisch - Madrid
- Amerika (U.S.A.) - Amerikaner/-in - englisch - Washington D.C.
- Japan - Janpaner/-in - japanisch - Tokyo
- China - Chinese/Chinesin - chinesisch - Peking

연습! 위에 주어진 국가와 수도 이름을 참조해 다음 대화를 완성한 뒤 옆 사람과 대화해 보시오.

A: Woher kommen Sie?

B: Ich komme aus ____________________.

A: Wo wohnen Sie?

B: Ich wohne ____________________.

종합 연습
Alle zusammen

● 옆 칸에 주어진 정보를 이용하여 <보기>와 같이 말해 보시오.

<보기>

· Name: Lisa
· Land: Deutschland
· Wohnort: Heidelberg

Guten Morgen!

Ich heiße Lisa.

Ich komme aus Deutschland.

Ich wohne in Heidelberg.

Hallo!

______________________ .

______________________ .

______________________ .

· Name: Alberto
· Land: Italien
· Wohnort: Rom

· Name: Marie
Paul
· Land: Frankreich
· Wohnort: Paris

Guten Tag!

Ich bin Marie.

Und ich bin Paul.

________________ .

________________ .

● 위와 관련하여 다음 대화를 완성해 보시오.

A: Woher kommt Lisa?

B: ______________________________ .

A: Wo wohnt sie?

B: ______________________________ .

A: Woher kommt Alberto?

B: ______________________________ .

A: Wo wohnt er?

B: ______________________________ .

A: Woher kommen Marie und Paul?

B: ______________________________ .

A: Wo wohnen sie?

B: ______________________________ .

● 본인과 관련하여 다음 대화를 완성해 보시오.

A: Wie heißen Sie?

B: ______________________________ .

A: Woher kommen Sie?

B: ______________________________ .

A: Wo wohen Sie?

B: ________________________________ .

● "du"를 사용하여 다음 대화를 완성해 보시오.

A: ________________________________ ?

B: Ich heiße Peter Lang.

A: ________________________________ ?

B: Ich komme aus Deutschland.

A: ________________________________ ?

B: Ich wohne in Hamburg.

Grammatik

● 명사의 표기

- 독일어에서 명사는 언제나 첫 글자를 대문자로 쓴다.

Morgen	Tag	Abend
Name	Haus	Wiedersehen

● 인칭 대명사: 1격과 4격

- 인칭 대명사는 명사를 대신하는 품사이므로 명사처럼 성 · 수 · 격이 있다.
- 1인칭, 2인칭은 사람을 나타내며, 3인칭은 사람, 사물 및 앞에 나왔던 명사나 문장 전체를 나타낼 수 있다.

<table>
<tr><th></th><th colspan="2">인 칭</th><th>1격</th><th>4격</th></tr>
<tr><td rowspan="6">단수</td><td>1인칭</td><td></td><td>ich</td><td>mich</td></tr>
<tr><td rowspan="2">2인칭</td><td>친칭</td><td>du</td><td>dich</td></tr>
<tr><td>존칭</td><td>Sie</td><td>Sie</td></tr>
<tr><td rowspan="3">3인칭</td><td>남성</td><td>er</td><td>ihn</td></tr>
<tr><td>여성</td><td>sie</td><td>sie</td></tr>
<tr><td>중성</td><td>es</td><td>es</td></tr>
<tr><td rowspan="4">복수</td><td>1인칭</td><td></td><td>wir</td><td>uns</td></tr>
<tr><td rowspan="2">2인칭</td><td>친칭</td><td>ihr</td><td>euch</td></tr>
<tr><td>존칭</td><td>Sie</td><td>Sie</td></tr>
<tr><td>3인칭</td><td></td><td>sie</td><td>sie</td></tr>
</table>

- 2인칭 대명사는 친칭 du(복수 ihr)와 존칭 Sie로 나뉜다. du는 가까운 친구나 식구, 친척을 대할 때 사용한다. Sie는 공적인 자리에서 만나는 사람이나 다소 격식을 차려야 하는 경우에 사용한다.

● 동사의 현재 인칭 변화 I (약변화 동사)

- 동사의 기본 형태를 부정형이라 하며, 부정형은 어간과 어미로 분류한다.
- 동사의 어미는 대부분 -en, -n으로 끝난다.
- 동사는 주어의 인칭과 수에 따라 어미가 변한다.
- 규칙변화(약변화), 간모음변화(강변화), 기타 예외적으로 변화하는 것으로 나눌 수 있다.

〈약변화 동사의 현재인칭변화〉

	어미	kommen	wohnen	heißen	antworten
ich	-e	komm**e**	wohn**e**	heiß**e**	antwort**e**
du	-st	komm**st**	wohn**st**	heiß**t**	antwort**est**
er/sie/es	-t	komm**t**	wohn**t**	heiß**t**	antwort**et**
wir	-en	komm**en**	wohn**en**	heiß**en**	antwort**en**
ihr	-t	komm**t**	wohn**t**	heiß**t**	antwort**et**
sie	-en	komm**en**	wohn**en**	heiß**en**	antwort**en**
Sie	-en	komm**en**	wohn**en**	heiß**en**	antwort**en**

- 동사의 어간이 치음(-s, -ß, -x, -z, tz, -sch) 등으로 끝나는 2인칭 단수에서 발음의 편의상 어미 -t만 붙인다(예: heißen).
- 어간이 -t 나 -d 등으로 끝나는 경우 자음으로 시작하는 어미 앞에 발음의 편의상 -e-를 첨가한다(예: antworten).

● sein 동사의 현재 인칭 변화

ich	bin	wir	sind
du	bist	ihr	seid
er/sie/es	ist	sie / Sie	sind

Du **bist** Koreaner.

Mein Name **ist** Peter Schmidt.

Ihr **seid** klein.

문법연습

A. 다음 빈칸에 알맞은 인칭대명사를 넣으시오.

1. Sind Sie Koreaner? Ja, _________ bin Koreaner.
2. Woher kommst _________? Ich komme aus Japan.
3. Woher kommt _________ ? Wir kommen aus Amerika.
4. Wo wohnt Peter? _________ wohnt in München.
5. Wo wohnen _________ ? Ich wohne in Bremen.
6. Gehst du nach Hause? Ja, _________ gehe nach Hause.
7. Wo liegt das Buch? _________ liegt auf dem Tisch.
8. Lernt Peter Deutsch? Nein, ________ lernt Spanisch.

B. 다음 (   ) 안의 동사를 문장에 맞게 현재인칭변화 시키시오.

1. Du _____________ aus Österreich. (kommen)
2. Herr Schmidt _____________ Spanisch. (lernen)
3. ___________ Sie nach Hause? (gehen)
4. Ihr ___________ in der Karlstraße. (wohnen)
5. Er ___________ Peter. (heißen)
6. Du __________ Student. (sein)
7. Du __________ viel. (arbeiten)

Landeskunde

독일인의 성과 이름

● 이름(Vorname)

예전에는 남자 이름으로 Paul, Karl, Peter, Michael 등이 많이 선호되었고, 여자의 이름으로는 Margret, Anna, Petra, Sabine 등이 인기가 있었다. 하지만 최근에는 다음과 같은 이름들이 많이 쓰이고 있다.

독일 사람이 가장 선호하는 이름 (2001년)					
순위	남자	여자	순위	남자	여자
1	Leon	Marie	6	Tim	Michelle
2	Alexander	Sophie	7	Jonas	Lea
3	Maximilian	Maria	8	Niklas	Julia
4	Lukas	Anna/-e	9	Jan	Sara(h)
5	Paul	Laura	10	Daniel	Lisa

● 성(Familienname)

독일에서 일반 주민들에게도 고정된 성(姓)이 도입되기 시작한 것은 13세기와 14세기에 이르러서이다. 도시에 보다 많은 사람들이 집중됨에 따라 필연적으로 행정이 확대되었다. 예컨대 조세수입을 위해서라도 주민들의 명부를 작성해야 했고, 따라서 성의 도입도 불가피하게 되었다(예컨대 1200년경 쾰른에 이미 10,000명에서 15,000명의 주민이 살았고, 13세기 후반에 뤼벡과 취리히에는 약 10,000명이 거주하였다). 즉 사람의 수가 많지 않던 이전에는 이름만으로도 문제가 없었으나, 많은 사람들이 집중된 도시에서는 "동명이인"을 구분할 필요성이 생긴 것이다. 이것이 2대 내지 3대를 넘어서 상속될 경우 성의 성격을 띠게 되었으리라 짐작할 수 있다. 이러한 성은 상이한 관점에 따라 생겨났다.

- 직업에서 유래: Bäcker '빵 제조업자', Bauer '농부', Fischer '어부', Fleischer '푸줏간 주인', Müller '방앗간 주인', Meier '집사', Schmidt '대장장이', Schneider '재단사' 등.
- 사람의 특징: Fröhlich '쾌활한', Schön '예쁜', Klein '작은', Lang '긴', Zänker '욕쟁이'
- 출신지에서 유래: Beier, Böhme, Franke, Schweizer, Westfal
- 거주지에서 유래: Amberg, Amrein, Angermann, Bachmann, Imhoff
- 이름에서 유래: Albrecht, Fritze, Günter, Konrad, Werner
- 아버지의 이름에서 유래: Junkers, Kleinen, Heinrichs

성의 도입은 1200년 이후 라인 강변의 도시들에서 시작되어 15세기 초에는 독일 전역에 관철되었다.

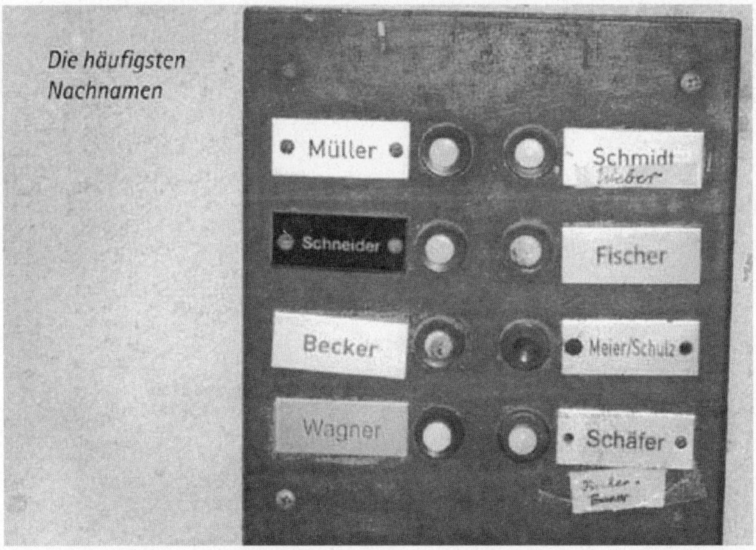

Duzen / Siezen

독일에서 상대방을 가리키는 말 가운데 2인칭 단수의 경우에는 du와 Sie를 구분한다. 흔히 du는 '너는'으로, Sie는 '당신은'으로 번역하지만 우리말의 반말, 존댓말과는 다르다. du는 서로간의 친근함을 나타내는 표현이며, Sie는 상대방을 존중하는 존칭이다. 따라서 독일에서 친한 친구 사이에서는 du라고 말하며, 서로 잘 알지 못하는 사이에는 Sie라고 말한다.

독일에서는 가족 간에도 서로 du라고 말한다. 그래서 딸이 아버지에게 du라고 말하며, 손자가 할아버지에게 말할 때도 du라고 한다. 학교에서 선생님은 학생들에게 du라고 말하다가 김나지움 11학년(고등학교 2학년에 해당)부터는 Sie라고 존칭을 사용한다. 이를 다시 정리하면 다음과 같다.

▷ du

① 서로 친한 사이, 즉 가족이나 친척, 친한 친구나 동료 사이
② 어른이 아이에게(15~16세 정도까지), 어린 아이들끼리
③ 기도할 때 하나님에게

▷ Sie

① 알지 못하는 어른에게
② 어른들끼리
③ 친하지 않은 동료나 친구 사이에

LEKTION 3

Wie geht's dir?

Wie geht's dir?

Danke, gut! Und dir?

Danke, auch gut.

Dialog

Wie geht's dir?

Antonio	Hallo, Lisa.
Lisa	Hallo, Antonio. Wie geht es dir?
Antonio	Danke, gut! Und dir?
Lisa	Danke, auch gut.
	Äh ··· Frau Bauer, das ist Antonio Banderas.
Frau Bauer	Guten Morgen. Mein Name ist Julia Bauer.
Antonio	Guten Morgen, Frau Bauer.
Frau Bauer	Woher kommen Sie?
Antonio	Ich komme aus Madrid, Spanien.
Frau Bauer	Sind Sie Student?
Antonio	Ja, Ich studiere Jura. Und Sie?
Frau Bauer	Ich bin Angestellte.
Antonio	Ange···???
Frau Bauer	Angestellte. Ich arbeite bei Volkswagen.
Antonio	Ach so!
Frau Bauer	Was machen Sie in Deutschland?
Antonio	Ich lerne Deutsch.
Frau Bauer	Und wo?
Antonio	In Heidelberg.

새로운 단어 및 표현

Hallo! 안녕! (만났을 때의 인사말)

Wie geht es dir? 어떻게 지내니?

Danke! 고마워!

dir 너에게 (ich의 3격)

auch …도, 역시, 마찬가지로

die Frau 여성, 부인 ~씨(호칭)

der Morgen 아침

der Student 대학생 (cf. die Studentin 여대생)

studieren 1. a) 대학에 다니다 b) 전공하다 2. 연구하다, 조사하다

der / die Angestellte 사무직 직원, 종업원, 월급쟁이

arbeiten 일하다

bei ~곁에, ~옆에 (전치사)

Volkswagen 독일의 자동차 회사의 하나

was 무엇 (의문대명사)

machen ~을 하다

lernen ~을 배우다

해석

앞의 대화에서 중요한 부분을 채워봅시다.

어떻게 지내?

Antonio	안녕, 리사.
Lisa	안녕, 안토니오. _______________ ?
Antonio	응, 잘 지내. 너는 어떻게 지내니?
Lisa	응, 나도 잘 지내.
	아… 바우어 부인, ____________________ .
Frau Bauer	안녕하세요. 저는 율리아 바우어입니다.
Antonio	안녕하세요. 바우어 부인.
Frau Bauer	어디서 오셨습니까?
Antonio	스페인의 마드리드에서 왔습니다.
Frau Bauer	당신은 대학생입니까?
Antonio	예, 법학을 전공하고 있습니다. 당신은요?
Frau Bauer	__________________ .
Antonio	Ange…???
Frau Bauer	사무직 종사자. 폴크스바겐사에서 일하고 있습니다.
Antonio	아, 그렇군요!
Frau Bauer	______________________________ ?
Antonio	독일어를 배우고 있습니다.
Frau Bauer	어디에서?
Antonio	하이델베르크에서요.

Lernen

안부 묻기

A : Wie geht es (= Wie geht's)	? dir? Ihnen?

B : Danke,	sehr gut. gut. es geht. nicht schlecht. nicht gut. schlecht.	Und dir? Und Ihnen?

A : Danke,	auch gut. es geht. leider nicht gut.

A : Geht es	dir Ihnen	gut?

A : Wie geht es (= Wie geht's)	deinem Vater? Petra?

B : Es geht	ihm gut. ihr gut.

직업 묻기

A : Was	sind Sie bist du	von Beruf?

B : Ich bin	Lehrer. Lehrerin.

A : Was	sind Sie? bist du?

B : Ich bin	Beamter. Beamtin.

A : Was	machen Sie machst du	beruflich?

B : Ich bin	Polizist. Polizistin.

A : Sind Sie	Student? Studentin?

B : Ja, ich bin	Student. Studentin.

B : Nein, Ich bin	Arzt. Ärztin.

직업 명칭

직업이나 신분을 뜻하는 낱말은 대부분 남성형이 기본이며, 여성 명사는 대개 남성 명사에 여성 어미 -in을 붙여서 만든다.

- *der* Architekt / *die* Architektin 건축기사
- *der* Arzt / *die* Ärztin 의사
- *der* Beamte / *die* Beamtin 공무원
- *der* Ingenieur / *die* Ingenieurin 기사, 엔지니어
- *der* Lehrer / *die* Lehrerin 선생님
- *der* Maler / *die* Malerin 화가
- *der* Musiker / *die* Musikerin 음악가
- *der* Politiker / *die* Politikerin 정치가
- *der* Polizist / *die* Polizistin 경찰관
- *der* Professor / *die* Professorin 교수
- *der* Richter / *die* Richterin 법관
- *der* Sänger / *die* Sängerin 가수
- *der* Schüler / *die* Schülerin 학생
- *der* Soldat / *die* Sodatin 군인
- *der* Student / *die* Studentin 대학생
- *der* Tänzer / *die* Tänzerin 무용수
- *der* Tennisspieler / *die* Tennisspielerin 테니스 선수
- *der* Verkäufer / *die* Verkäuferin 판매원
- *der* Angestellte, *ein* Angestellter, Angestellter 사무직 종사자
  die Angestellte, *eine* Angestellte, Angestellte (회사원)

종합 연습
Alle zusammen

● 다음 보기에서 알맞은 낱말을 고르시오.

1) Ich heiße Martina Hingis. Ich bin ____________________ .
2) Ich heiße Hermann Hesse. Ich bin ____________________ .
3) Ich heiße Arnold Schwarzenegger. Ich bin ____________________ .
4) Ich heiße Michael Schuhmacher. Ich bin ____________________ .
5) Ich heiße Wolfgang Amadeus Mozart. Ich bin ____________________ .
6) Ich heiße Albert Einstein. Ich bin ____________________ .
7) Ich heiße Gerhard Schröder. Ich bin ____________________ .
8) Ich heiße Albert Schweitzer. Ich bin ____________________ .
9) Ich heiße Immanuel Kant. Ich bin ____________________ .

<보기>

• Arzt	• Formula-1-Fahrer
• Komponist	• Philosoph
• Physiker	• Politiker
• Schauspieler	• Schriftsteller
• Tennisspielerin	

● 다음 대화에 들어가기에 가장 적절치 못한 질문을 고르시오.

A: ____________________?

B: Er ist Polizist.

① Was ist dein Vater von Beruf?
② Was macht dein Vater beruflich?
③ Wer ist dein Vater?

④ Was ist dein Vater?

● 그림을 보고 알맞은 낱말을 보기에서 고르시오

gut	nicht gut	es geht	schlecht

A: Hallo, Hans. Wie geht es dir?

B: Danke, ____________________.

A: Herr Kim, wie geht es Ihnen?

B: Danke, ____________________.

A: Wie geht es dir, Julia?

B: Danke, ____________________.

● 빈칸에 알맞은 낱말을 써넣으시오.

A: _________ geht es dir?

B: Danke, sehr gut.

A: Wie geht es deiner Mutter?

B: Es geht _________ gut.

Grammatik

● 호칭

- 독일에서 상대방을 부를 때 서로 존칭을 쓰는 경우 성 앞에 남성은 Herr ~!, 여성은 Frau ~!를 붙여 불러야 한다. Fräulein은 요즈음 거의 사용하지 않는다. 친한 사이거나 아이들을 부를 때는 보통 이름을 부른다.

이름과 성	친한 사이	존칭을 쓰는 사이
Lars Hartwig	Lars!	Herr Hartwig!
Julia Bauer	Julia!	Frau Bauer!

● 서술문과 의문문

- 서술문은 "주어 + 동사", 의문문은 "동사 + 주어"로 이루어진다.
- 의문사가 있는 의문문의 경우 의문사는 문장의 맨 처음에 위치한다.

Ich	**komme**	aus Japan.	
	Kommst	du	aus Japan?
Woher	**kommst**	du?	

● 명사의 성

- 모든 명사는 남성 · 여성 · 중성 중 하나의 성을 갖는다.

  남성 명사 (m): Vater, Herr, Morgen, Tisch …

  여성 명사 (f): Mutter, Frau, Nacht, Blume …

  중성 명사 (n): Kind, Fräulein, Buch, Haus …

● 명사의 격

- 명사는 문장 내에서의 역할에 따라 1격(주격), 2격(소유격), 3격(여격), 4격(목적격)으로 나뉜다.

  Julia ist schön. **Sie** ist schön. (1격 = 주격)

Ich liebe **Lars**. Ich liebe **ihn**. (4격 = 목적격)

● 인칭 대명사 : 3격과 2격

	인칭		3격	2격
단수	1인칭		mir	meiner
	2인칭	친칭	dir	deiner
		존칭	Ihnen	Ihrer
	3인칭	남성	ihm	seiner
		여성	ihr	ihrer
		중성	ihm	seiner
복수	1인칭		uns	unser
	2인칭	친칭	euch	euer
		존칭	Ihnen	Ihrer
	3인칭		ihnen	ihrer

- Wie geht es **dir** / **Ihnen**?
- Danke, es geht **mir** gut.
- Wir helfen **euch**.
- Ich gedenke ihrer.
- Statt meiner geht mein Bruder.

● 관사

- 정관사와 부정관사가 있으며, 뒤따르는 명사의 성 · 수 · 격에 따라서 형태가 결정된다.

1. 부정관사

- 확정되지 않은 명사를 나타낼 때, 처음 소개할 때, 사람 또는 사물의 특이한 성질을 나타낼 때 사용한다.

성 \ 수	단수			복수
	남성	여성	중성	
1격	ein	eine	ein	없음
2격	eines	einer	eines	
3격	einem	einer	einem	
4격	einen	eine	ein	

- Dort steht **ein** Mann.
- Ich habe **eine** Tochter.
- Das ist **ein** Buch.

2. 정관사

- 이미 알려져 있는 것, 일반적 개념, 명확히 규정된 사람·사물, 개념 및 종족 전체를 일컬을 때 사용한다.

성 \ 수	단수			복수
	남성	여성	중성	
1격	der	die	das	die
2격	des	der	des	der
3격	dem	der	dem	den
4격	den	die	das	die

- Ich habe einen Tisch. **Der** Tisch ist klein.
- Ich liebe eine Frau. **Die** Frau ist schön.
- Ich habe **ein** Buch. **Das** Buch ist teuer.

3. 관사의 생략

- 직업, 국적: Ich bin **Kaufmann**.
  Bist du **Amerikaner**?
- 물질명사 또는 추상명사: Johann trinkt gern **Bier**.
  Hast du **Zeit**?

(주의) 무관사인 명사를 부정할 때는 kein : Ich habe **keine Zeit.**

- 중성의 지명 또는 국가명, 언어명: Korea, Deutschland, Japanisch …

  (예외) 남성 국명 : der Irak, der Iran, der Israel …

  여성 국명 : die Schweiz, die Türkei …

- 관용적인 표현 :

  Wir **haben Hunger**.

  Ich **habe Durst**.

  Ich **habe Kopfschmerzen** und **Fieber**.

  Von Montag bis Freitag **haben** wir **Unterricht**.

문법연습

A. 다음 명사에 알맞은 정관사와 부정관사(단수 1격)를 쓰고, 그 의미도 적어 봅시다.

1. __der__ Mann - __ein__ Mann　　__사람; 남자__
2. _____ Frau - _____ Frau　　__________
3. _____ Kind - _____ Kind　　__________
4. _____ Vater - _____ Vater　　__________
5. _____ Mutter - _____ Mutter　　__________
6. _____ Lehrer - _____ Lehrer　　__________
7. _____ Studentin - _____ Studentin　　__________
8. _____ Buch - _____ Buch　　__________
9. _____ Haus - _____ Haus　　__________
10. _____ Blume - _____ Blume　　__________
11. _____ Morgen - _____ Morgen　　__________
12. _____ Abend - _____ Abend　　__________
13. _____ Nacht - _____ Nacht　　__________

14. _____ Tisch - _____ Tisch ____________________

15. _____ Tochter - _____ Tochter ____________________

B. 다음 빈칸에 알맞은 어미를 넣으시오.

1. D_____ Mann ist fleißig.
2. D_____ Frau ist schön.
3. Ich liebe d_____ Mann.
4. Ich gebe d_____ Frau d_____ Buch.
5. Ich habe e_____ Buch.
6. E_____ Frau hat e_____ Tisch.
7. E_____ Mann gibt e_____ Frau e_____ Blume.

Landeskunde

통일 독일의 수도 베를린

통일 독일의 연방 수도이자 16개 연방 주의 하나인 베를린. 북독 저지대에 위치한 베를린은 브란덴부르크 주에 둘러싸인 형국을 하고 있으며, 슈프레 강과 하펠 강을 끼고 있다.

베를린이 역사의 기록에 처음 나타난 것은 1237년이지만, 세계사의 주목을 받기 시작한 것은 1871년 프로이센이 독일을 통일하면서 세운 독일 제2제국의 수도가 되면서이다. 그 후 1945년까지 독일의 수도로 있으면서 두 차례의 세계대전을 겪는, 질곡의 현대사 그 한가운데 있었다. 제2차 세계대전 후 베를린은 양분되어 동베를린은 구 동독의 수도로, 서베를린은 서독의 11개 연방 주 가운데 하나로 됐다.

제2차 세계대전 이후 수십 년 동안 베를린은 서방 연합국과 소련 사이에 벌어졌던 냉전의 중심지였으며, 또한 독일 분단의 상징이었다. 1950년대에 들어서면서 서부 연합군 지역인 서베를린과 소련 지역인 동베를린이 점차 분리되기 시작하였고, 1961년 8월 13일 동독의 베를린 장벽 설치로 분단은 결정적인 것이 되었다.

그러나 영원히 지속될 것 같이 보이던 베를린 장벽은 동독의 평화로운 혁명의 결과로 1989년 11월 9일에 드디어 붕괴되었다. 장벽이 설치된 지 28년만이었다. 이듬해인 1990년 10월 3일, 독일은 다시 통일되었다. 그리고 베를린은 통일 독일의 수도가 되었다.

현재 인구가 약 340만 명에 이르는 베를린은 수많은 공원, 숲, 호수를 파괴하지 않으면서 도시 교통체제(도로, 전철, 선착장, 공항)를 현대화하기 위해 총력을 기울이고 있다. 통일은 베를린에 경제적인 붐을 가져다주었다.

분단의 상징에서 통일의 상징으로

브란덴부르크 문

- 프로이센 왕국의 개선문으로 아테네 신전의 문을 본 따 1788~1791년에 건축되었다. 문 위에는 사두마차를 끄는 승리의 여신상이 있다. 독일 고전주의 건축의 걸작으로 꼽힌다.
- 뒤로 '보리수 아래'라는 의미를 가진 운터 덴 린덴(Unter den Linden) 거리가 보인다. 실제로 거리의 중앙에 보리수가 가로수로 심어져 있다.

독일의 연방 주와 주의 수도

LEKTION 4

Wer ist das?

Familie

Familie

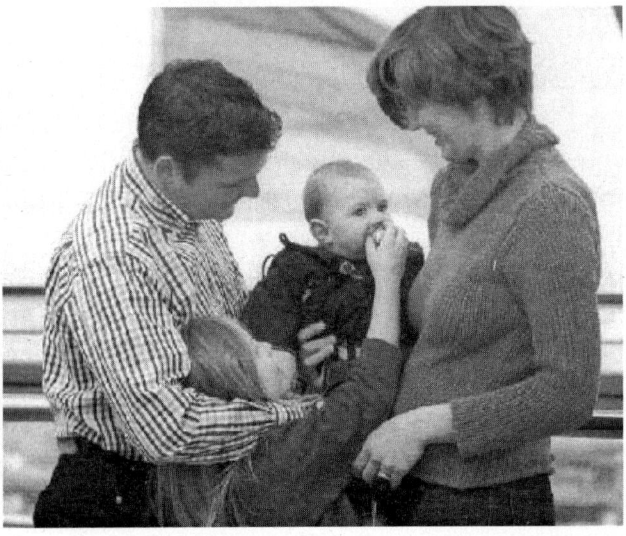

Dialog

Wer ist das?

Lars	Ist das dein Familienfoto?
Petra	Ja, das ist mein Familienfoto.
Lars	Wo bist du?
Petra	Hier. Das bin ich.
Lars	Wer ist denn das?
Petra	Das ist mein Vater.
Lars	Ist das dein Vater? Er ist aber noch jung! Wie alt ist er?
Petra	Er ist fünfzig.
Lars	Was ist er von Beruf?
Petra	Er ist Lehrer.
Lars	Ist das deine Schwester?
Petra	Ja, meine Schwester, Anna.
Lars	Sie ist schön. Ist sie Studentin?
Petra	Ja, sie ist Studentin.
Lars	Was studiert sie?
Petra	Sie studiert Soziologie. Ach, da kommt sie.
Lars	Guten Tag! Ich heiße Lars.
Anna	Ich bin Anna, Guten Tag!

새로운 단어 및 표현

wer 누가, 누구 (의문대명사)

Wer ist das? 이 사람은 누구지?

die Familie 가족, 가정

das Foto 사진

das Familienfoto 가족 사진

hier 여기에

dein 너의

aber 그러나 (대등 접속사)

noch 아직, 여전히

jung 젊은, 어린

alt 늙은, 오래된

er 그는 (3인칭 단수, 남성)

fünfzig 50

der Beruf 직업

der Lehrer 교사, 선생

die Schwester 자매, 누이, 누이동생

sie 그녀는 (3인칭 단수, 여성)

schön 예쁜, 아름다운

die Soziologie 사회학

da 저기에, 거기에

해석

앞의 대화에서 중요한 부분을 채워봅시다.

이 분은 누구지?

Lars	이것이 네 가족 사진이니?
Petra	응. 내 가족 사진이야.
Lars	너는 어디에 있니?
Petra	여기. 이게 나야.
Lars	______________________________ ?
Petra	그 분은 우리 아버지야.
Lars	네 아버지라고? 아직도 참 젊으시구나!
	______________________________ ?
Petra	그 분은 오십 세야.
Lars	______________________________ ?
Petra	선생님이셔.
Lars	이 사람은 네 언니니?
Petra	응, 우리 언니 안나야.
Lars	예쁘구나. 그녀(네 언니)는 대학생이니?
Petra	응, 그녀는 대학생이야.
Lars	______________________________ ?
Petra	언니는 사회학을 전공해. 아, 저기 온다.
Lars	안녕! 나는 라스라고 해.
Anna	나는 안나, 안녕!

Lernen

누구인지 묻기

A :	Wer ist das?	
B :	Das ist	mein Vater.
		meine Mutter.
		meine Freundin.
		mein Professor.

● 가족 및 친족 명칭

- *die* Familie 가족
- *der* Vater - *die* Mutter - *die* Eltern (Pl.)
  (아버지 - 어머니 - 부모)
- *der* Großvater - *die* Großmutter - *die* Großeltern (Pl.)
  (할아버지 - 할머니 - 조부모)
- *der* Sohn - *die* Tochter - *die* Kinder (Pl; 단수는 *das* Kind)
  (아들 - 딸 - 아이들)
- *der* Bruder - *die* Schwester - *die* Geschwister (Pl; 단수는 *das* Geschwister)
  (형 - 누이 - 형제자매)

  ☞ Bruder는 우리말의 형, 오빠, 남동생에 해당하는 명칭이고, Schwester는 누나, 언니, 여동생에 해당한다.

- *der* Onkel - *die* Tante 삼촌 - 숙모

☞ Onkel은 우리의 큰아버지, 작은아버지, 삼촌, 외삼촌뿐만 아니라 심지어 고모부, 이모부까지 포함하는 명칭이고, Tante 역시 우리의 큰어머니, 작은어머니, 숙모, 고모, 이모를 포함하는 명칭이다.

- *der* Vetter - *die* Cousine 사촌 형제 - 사촌자매
- *der* Neffe - *die* Nichte 조카 - 질녀(조카딸)

연습! 위의 가족 및 친족 명칭을 참조해 다음 대화를 연습해 보시오.

A: Wer ist das?

B: Das ist ______________.

나이 묻기

A: Wie alt sind Sie?
B: Ich bin 30 Jahre alt.

A: Wie alt bist du?
B: Ich bin 20.

A: Wie alt ist deine Mutter?
B: Sie ist 50 Jahre alt.

Zahlen

0 null	10 **Zehn**	20 zwanzig	30 dreiß**ig**
1 eins	11 **elf**	21 einundzwanzig	40 vierzig
2 zwei	12 **zw**ölf	22 zweiundzwanzig	50 fünfzig
3 drei	13 dreizehn	23 dreiundzwanzig	60 **sech**zig
4 vier	14 vierzehn	24 vierundzwanzig	70 **sieb**zig
5 fünf	15 fünfzehn	25 fünfundzwanzig	80 achtzig
6 sechs	16 **sech**zehn	26 sechsundzwanzig	90 neunzig
7 sieben	17 **sieb**zehn	27 siebenundzwanzig	100 hundert
8 acht	18 achtzehn	28 achtundzwanzig	101 hunderteins
9 neun	19 neunzehn	29 neunundzwanzig	

1 000 tausend	100 000 hunderttausend
10 000 zehntausend	1 000 000 eine Million

연습!

본인과 관련하여 다음 대화를 완성하고, 옆 사람과 서로 묻고 대답해 봅시다.

A: Wie Jahre alt bist du?

B: Ich bin ______________.

A: Wie Jahre alt ist dein Vater?

B: Er ist ______________.

A: Wie Jahre alt ist deine Mutter?

B: Sie ist ______________.

A: Wie Jahre alt ist dein Bruder?

B: Er ist _______________.

A: Wie Jahre alt ist deine Schwester?

B: Sie ist _______________.

전공 묻기

A: Was studieren Sie?
B: Ich studiere Germanistik.

A: Was studierst du?
B: Ich studiere Anglistik.

A: Was studiert dein Freund?
B: Er studiert Elektronik.

● 전공 명칭

- Anglistik 영어영문학
- Betriebswirtschaft (BWL) 경영학
- Biologie 생물학
- Chemie 화학
- Elektronik 전자공학
- Germanistik 독어독문학
- Informatik 정보학
- Jura 법학
- Mathematik 수학
- Medizin 의학

- Philosophie 철학
- Psychologie 심리학
- Soziologie 사회학
- Theologie 신학
- Physik 물리학
- Pädagogik 교육학
- Sprachwissenschaft 언어학
- Wirtschaftwissenschaft 경제학

연습! 위의 전공 명칭을 참조해 다음 대화를 연습해 보시오.

A: Was studieren Sie?

B: Ich studiere ______________. Und Sie?

A: __________________________.

종합 연습
Alle zusammen

● 옆 칸에 주어진 정보를 이용하여 대화를 완성하시오.

· Name: Wolfgang Fleischer
· Beruf: Angestellter
· Alter: 59
· Wohnort: Dresden

A: Wer ist das?
B: Das ist mein Onkel.
A: Wie heißt er?
B: ______________________ .
A: Was macht er beruflich?
B: ______________________ .
A: Wie alt ist er?
B: ______________________ .
A: Wo wohnt er?
B: ______________________ .

· Name: Petra Meier
· Beruf: Studentin
· Alter: 23
· Wohnort: Freiburg

A: ______________________ ?
B: Das ist meine Freundin.
A: ______________________ ?
B: Sie heißt Petra Meier.
A: ______________________ ?
B: Sie ist Studentin.
A: ______________________ ?
B: Sie studiert Anglistik.
A: ______________________ ?
B: Sie ist 23 Jahre alt.
A: ______________________ ?
B: Sie wohnt in Freiburg.

● 본인과 관련하여 다음 대화를 완성해 보시오.

A: Was machen Sie von Beruf?

B: ______________________________ .

A: Was studieren Sie?

B: ______________________________ .

A: Wie alt sind Sie?

B: ______________________________ .

● "du"를 사용하여 다음 대화를 완성하고 옆 사람과 대화해 보시오.

A: ______________________________ ?

B: Ich heiße ____________________.

A: ______________________________ ?

B: Ich studiere __________________.

A: ______________________________ ?

B: Ich bin _______________ Jahre alt.

● 지금까지 배운 내용을 토대로 자신을 소개해 봅시다(Lektion 2-4).

● 다음 글을 소리내어 읽고 해석하시오. 그리고 다음 빈칸에 알맞은 낱말을 써 넣으시오.

Unsere Familie

Mein Vater und meine Mutter sind meine Eltern. Ich bin ihre Tochter. Meine Eltern haben auch einen Sohn. Er ist mein Bruder, und ich bin seine Schwester. Wir sind Geschwister. Unsere Familie wohnt in Frankfurt. Unsere Großeltern wohnen auch in Frankfurt. Wir lieben unseren Großvater und unsere Großmutter sehr.

Mein Vater hat einen Bruder. Er ist unser Onkel, seine Frau ist unsere Tante. Ich bin seine Nichte, und mein Bruder ist sein Neffe. Seine Kinder sind unsere Vettern und Cousinen. Meine Mutter hat eine Schwester. Sie ist auch meine Tante.

1) Die Eltern meines Vaters/meiner Mutter sind meine ________________.

2) Die Frau meines Onkels ist meine ________________.

3) Der Mann meiner Tante ist mein ________________.

4) Der Sohn meines Bruders ist mein ________________.

5) Die Tochter meines Bruders ist meine ________________.

Grammatik

● 지시 대명사 das

- das는 사람이나 사물을 가리킬 때 성에 관계없이 사용할 수 있다.

Das ist mein Vater.

Das ist meine Mutter.

Das ist mein Familienfoto.

● 소유 대명사

- 소유 대명사는 사람 또는 사물의 소유나 소속관계를 나타낸다.

인칭 / 수	1인칭	2 인칭		3인칭		
		du	Sie	남성	여성	중성
단수	mein	dein	Ihr	sein	ihr	sein
복수	unser	euer	Ihr	ihr		

- 소유 대명사의 부가어적 용법
  - [소유 대명사 + 명사]에서 명사가 단수이면 부정관사처럼 어미 변화하고, 복수이면 정관사처럼 변화한다.

<예>	남성	여성	중성	복수
1격	mein Vater	meine Mutter	mein Kind	meine Kinder
2격	mein**es** Vaters	mein**er** Mutter	mein**es** Kindes	mein**er** Kinder
3격	mein**em** Vater	mein**er** Mutter	mein**em** Kind	mein**en** Kinder
4격	mein**en** Vater	mein**e** Mutter	mein Kind	mein**e** Kinder

Das ist **mein** Vater.

Ist das **deine** Mutter?

Das ist **sein** Buch.

● 의문사

- 의문대명사
  - wer : **Wer** ist das?
  - was : **Was** ist von Beruf?
- 의문부사
  - 장소: wo, wohin, woher

    Wo wohnst du?

    Woher Kommen Sie?

    Wohin gehst du?
  - 정도나 방법: wie, wie alt

    Wie geht es Ihnen?

    Wie alt bist du?
  - 원인: warum

    Warum kommt er nicht?
  - 때: wann

    Wann fährt der Zug nach Pusan ab?

● **haben** 동사의 현재 인칭 변화

- haben이 본동사로 쓰일 경우 '~을 가지고 있다'라는 뜻을 가지고 있다.

ich	habe	wir	haben
du	**hast**	ihr	habt
er/ sie/ es	**hat**	sie / Sie	haben

Ich **habe** einen Sohn.

Hast du einen Bleistift?

Er **hat** keine Zeit.

● **werden** 동사의 현재 인칭 변화

- werden이 본동사로 쓰일 경우 '~이 되다'라는 뜻을 가지고 있다.

ich	werde	wir	werden
du	**wirst**	ihr	werdet
er/ sie/ es	**wird**	sie / Sie	werden

Anna studiert Medinzin. Sie **wird** Ärztin.

Herr Müller, Sie **werden** bald wieder gesund.

Was **wirst** du, Peter?

문법연습

A. 밑줄 친 곳에 소유대명사를 알맞게 써 넣으시오.

1) Ich habe einen Sohn. Das ist _________ Sohn.
2) Du hast eine Tochter. Das ist _________ Tochter.
3) Hans hat eine Freundin. Sie ist _________ Freundin.
4) Wir haben einen Hund. Er ist _________ Hund.

B. 보기에서 알맞은 말을 고르시오.

· Wann	· Warum	· Was	· Wer	· Wie
· Wie alt	· Wo	· Woher	· Wohin	

1) _________ gehen Sie? Ich gehe nach Haus.
2) _________ wohnst du? Ich wohne in Stuttgart.
3) _________ ist er? Er ist mein Vater.
4) _________ lernen Sie? Ich lerne Spanisch.
5) _________ kommt Leon? Er kommt aus Österreich.
6) _________ bist du? Ich bin 22 Jahre alt.

7) _________ heißt sie? Sie heißt Petra.

8) _________ gehst du in die Schule nicht? Weil ich krank bin.

9) _________ beginnt die Schule?

C. 다음 빈칸에 알맞게 haben 동사를 현재인칭변화 시키시오.

1. _________ ihr ein Auto? Nein, wir _________ kein Auto.
2. _________ du eine Tochter. Ja, ich _________ eine Tochter.
3. Was _________ Sie? Ich _________ einen Füller.
4. _________ Leon einen Ball? Ja, er _________ einen Ball.

D. 다음 빈칸에 알맞게 werden 동사를 현재인칭변화 시키시오.

1. Was _________ Herr Park? Er _________ Arzt.
2. Was _________ du, Leon? Ich _________ Fußballspieler.
3. Frau Bauer, Sie _________ bald wieder gesund.
4. Hans und Peter, ihr _________ reich.

Landeskunde

독일의 명소 (I)

노이슈반슈타인 성 (바이에른 주)
로맨틱 가도의 남쪽 끝에 자리잡은 소도시 퓌센 근교에 있다. 당시 바이에른의 왕 루트비히 2세가 거액의 비용과 17년(1869~86)이란 많은 시간을 들여 지었다. 그러나 정작 그 자신은 불행하게도 이 성에서 몇 개월밖에 살지 못했다. 성의 내부 곳곳을 <로엔그린>, <트리스탄과 이졸데> 및 여타 바그너의 오페라에 나오는 무대 그림으로 장식할 만큼 그는 바그너의 열렬한 팬이자 후원자였다. 미국 캘리포니아에 있는 디즈니랜드의 성의 모델이 된 것으로도 유명하다.

'중세의 보석' 로텐부르크
정식 명칭은 타우버(Tauber) 강 위쪽에 있다하여 '로텐부르크 옵 데어 타우버'이다. 중세의 모습이 가장 잘 간직되어 있다. 사진은 성벽 밖의 산책로 타우버 리비에라를 내려간 곳에서 바라본 도시의 풍경으로, 이곳에서 바라보는 경치가 가장 아름답다. (바이에른 주)

하이델베르크 시 전경
대학도시인 하이델베르크는 외국인이 가장 즐겨 찾는 관광도시의 하나이다. 고성과 네카 강의 다리, 대학과 고풍스러운 도시는 전 세계 관광객들을 매료시키기에 부족함이 없다. (바덴-뷔르템베르크 주)

슈바르츠발트 삼림지대의 농가 모습
'검은 숲'이란 뜻으로 말 그대로 숲이 울창한 중급 산악지대이다. 남북으로 160㎞, 동서 20 ~60㎞에 이르며, 라인 강변을 따라 프랑스와 국경을 접하고 있다. 이 지역에 있는 바덴바덴은 온천 휴양지로 유명하다. (바덴-뷔르템베르크 주)

엘츠 성
모젤 계곡 조용한 산 속에 솟아있는 엘츠 성은 조용함과 낭만적인 분위기로 마치 중세로 되돌아간 듯한 착각을 불러일으킨다. 12세기에 지어진 성으로 대대로 엘츠 가문의 소유로 되어있다. (라인란트-팔츠 주)

라인 강변의 고성들
독일의 젖줄 라인 강은 알프스 계곡에서 발원해서 독일을 관통하여 흘러 네덜란드를 거쳐 북해로 흘러 들어간다. 총 길이 1320㎞로 그 강변에는 아름다운 고성들이 즐비하다. 사진은 카츠 성.

독일의 최고봉 "추크슈피체"

독일 남부 알프스에 속하는 추크츄피체는 가르미슈-파르텐키르헤 근교에 위치하며, 그 높이는 2964m이다. (바이에른 주)

쾰른 대성당

고딕 양식의 대표적 건축물로 157.38m의 쌍 탑이 특징이다. 1248년에 착공하여 1880년에 이르러서야 완공되었다. (노르트라인-베스트팔렌 주)

프랑크푸르트 암 마인

독일연방은행과 유럽중앙은행을 비롯하여 대부분의 독일은행과 많은 외국은행의 지점들이 모여 있는 프랑크푸르트는 과히 "독일의 경제수도"라 할 것이다. 미국의 맨해튼에 비유하여 종종 "마인해튼"으로도 불린다. (헤센 주)

LEKTION 5

Was ist das?

Dialog

Was ist das?

Lehrer	Guten Morgen zusammen!
Schüler	Guten Morgen, Herr Klein!
Lehrer	Na, wie geht's euch denn heute?
Schüler	Danke, gut.
Lehrer	Seid ihr alle da? Ist Hans nicht da?
Schüler	Nein, er ist nicht da. Er ist krank.
Lehrer	Nun frage ich. Was ist das?
Schüler	Das ist ein Ball.
Lehrer	Wie ist der Ball?
Schüler	Er ist rund.
Lehrer	Und was ist das hier?
Schüler	Das ist ein Buch.
Lehrer	Ist das ein Bleistift?
Schüler	Nein, das ist kein Bleistift.
	Das ist ein Kuli.
Lehrer	Wie bitte?
Schüler	Ein Kugelschreiber.
Lehrer	Richtig!

새로운 단어 및 표현

zusammen 1. 함께, 같이 2. 모두 합쳐, 통틀어서
euch (인칭 대명사 ihr의 3 · 4격)
heute 오늘
der Schüler 학생
nicht 가족 사진
nein 아니, 아니오 (부사) ↔ ja
krank 아픈
fragen 묻다, 질문하다
der Ball 공, 볼
das Buch 책
der Bleistift 연필
kein 명사 부정어
der Kuli. (= Kugelschreiber) 볼펜
bitte 제발 (공손한 표현) (부사)
Wie bitte? 뭐라고요?
richtig! 맞다, 옳다.

해석

앞의 대화에서 중요한 부분을 채워봅시다.

이것은 무엇입니까?

Lehrer	모두 안녕!
Schüler	선생님, 안녕하세요?
Lehrer	자, 잘들 지냈니?
Schüler	네.
Lehrer	______________? ______________?
Schüler	예, 한스는 오지 않았습니다. 그는 아파요.
Lehrer	이제 내가 질문을 할게. ________________ ?
Schüler	그것은 공입니다.
Lehrer	____________________ ?
Schüler	그것은 둥급니다.
Lehrer	그러면 여기에 있는 이것은 무엇이지?
Schüler	그것은 책입니다.
Lehrer	이것은 연필입니까?
Schüler	__________________________. __________________.
Lehrer	뭐라고?
Schüler	볼펜입니다.
Lehrer	맞다!

Lernen

무엇인지 묻기

Was ist das?
Das ist ein Ball.

• *der* Ball

Ist das ein Haus?
Ja, das ist ein Haus.

• *das* Haus

Ist das ein Hund?
Nein, das ist kein Hund.
Das ist eine Katze.

• *die* Katze

Wie heißt das auf Deutsch?
Hund. Das ist ein Hund.

• *der* Hund

시간의 표현

Frage: Wie spät ist es? / Wie viel Uhr ist es?

Antwort:

- 공용 시각 (방송, 역, 공항 등에서)

9.00 Uhr	Es ist neun Uhr.
9.05 Uhr	Es ist neun Uhr fünf.
9.15 Uhr	Es ist neun Uhr fünfzehn.
9.25 Uhr	Es ist neun Uhr fünfundzwanzig.
9.30 Uhr	Es ist neun Uhr dreißig.
9.35 Uhr	Es ist neun Uhr fünfunddreißig.
9.45 Uhr	Es ist neun Uhr fünfundvierzig.
9.55 Uhr	Es ist fünfundfünfzig.

- 일상 생활에서(회화체)

9.00 Uhr	Es ist neun.
9.05 Uhr	Es ist fünf **nach** neun.
9.15 Uhr	Es ist Viertel **nach** neun.
9.25 Uhr	Es ist fünf **vor** halb **zehn**.
9.30 Uhr	Es ist halb zehn.
9.35 Uhr	Es ist fünf nach halb zehn.
9.45 Uhr	Es ist Viertel **vor** zehn.
9.55 Uhr	Es ist fünf **vor** zehn.

※ 일상 생활의 시간에서 몇 분인지를 말할 경우, 1분에서 20분까지는 '~시 ~분 후'와 같이 말하고, 40분에서 59분까지는 '~시 ~분 전'이라고 한다. 그리고 20분에서 40분까지는 30분을 기준으로 '~분 전' 혹은 '~분 후'라고 말한다.

종합 연습
Alle zusammen

● 다음 대화를 완성하시오.

Was ist das? • *das* Telefon

_______________________ .

Was ist das? • *der* Apfel

_______________________ .

Was ist das? • *die* Banane

_______________________ .

Ist das eine Birne? • *die* Birne

_______________________ .

Ist das eine Kirsche? • *die* Kirsche

_______________________ .

Wie heißt das auf Deutsch? • *die* Erdbeere

_______________________ .

Wie heißt das auf Deutsch? • *die* Aubergine

____________________ .

Ist das eine Paprika? • *der* Pilz

Nein, ____________________ .

____________________ .

Was ist das? • *das* Fahrrad

____________________ .

Was ist das? • *der* Bus

____________________ .

Ist das ein Auto? • *der* Auto

____________________ .

Ist das ein Schiff? • *das* Schiff

____________________ .

Wie heißt das auf Duetsch? • *das* Flugzeug

____________________ .

Ist das ein Heft? • *das* Buch

Nein, ______________________________ .

______________________________ .

Was ist das? • *das* Heft

______________________________ .

Was ist das? • *der* Bleistift

______________________________ .

Ist das ein Kugelscheiber? • *der* Füller

Nein, ______________________________ .

______________________________ .

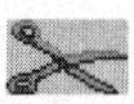

Was ist das? • *die* Schere

______________________________ .

Was ist das? • *der* Tisch

______________________________ .

● 다음의 시간을 공식 시각과 일상 시각으로 각각 표현해 보시오.

1. **1.05 Uhr** : ______________________________

____

2. **6.55 Uhr** : ______________________________

____

3. **7.15 Uhr** : ______________________________

____

4. **3.30 Uhr** : ______________________________

____

5. **10.40 Uhr** : ______________________________

____

6. **4.45 Uhr** : ______________________________

____

7. **11.20 Uhr** : ______________________________

____

8. **11.25 Uhr** : ______________________________

____

9. **22.35 Uhr** : ______________________________

____

● 아래 보기에서 알맞은 낱말을 골라 빈칸에 써넣으시오.

das Wohnzimmer

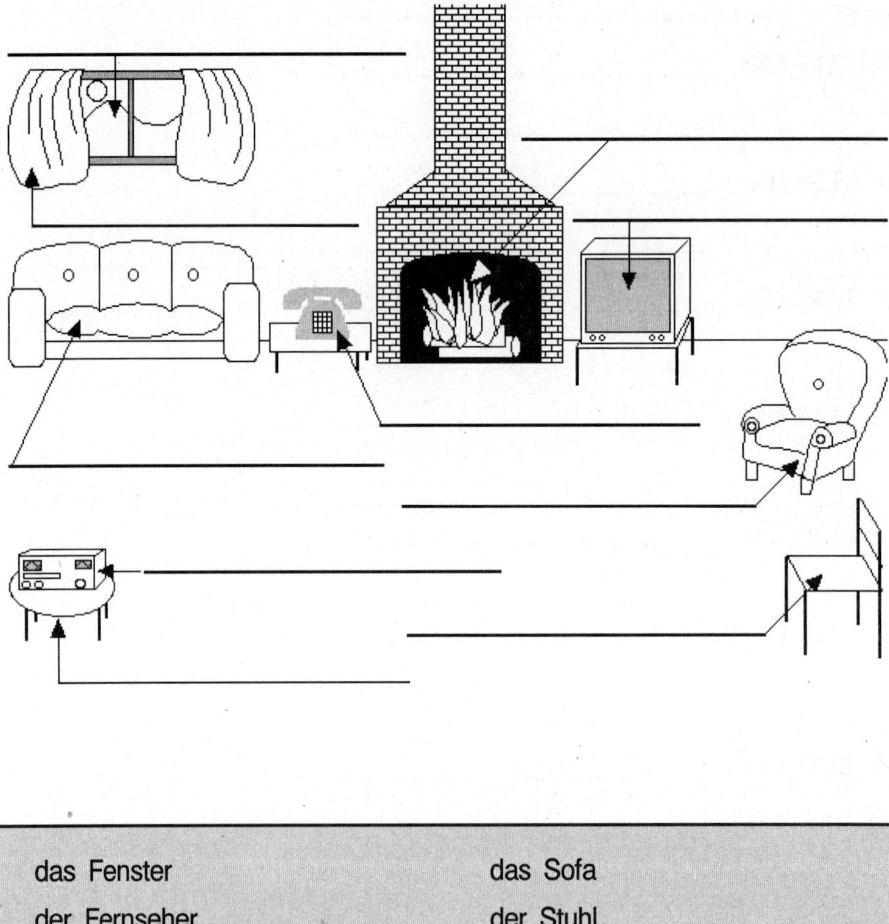

das Fenster	das Sofa
der Fernseher	der Stuhl
der Kamin	das Telefon
das Radio	der Tisch
der Sessel	der Vorhang

das Badezimmer

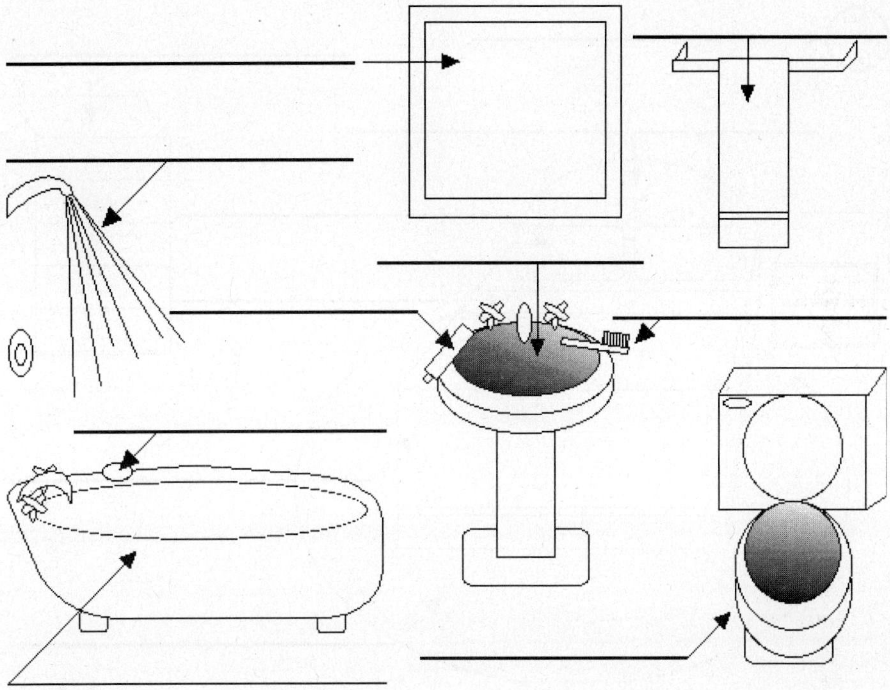

die Badewanne	die Toilette
die Dusche	das Waschbecken
das Handtuch	die Zahnburste
die Seife	die Zahnpaste
der Spiegel	

das Schlafzimmer

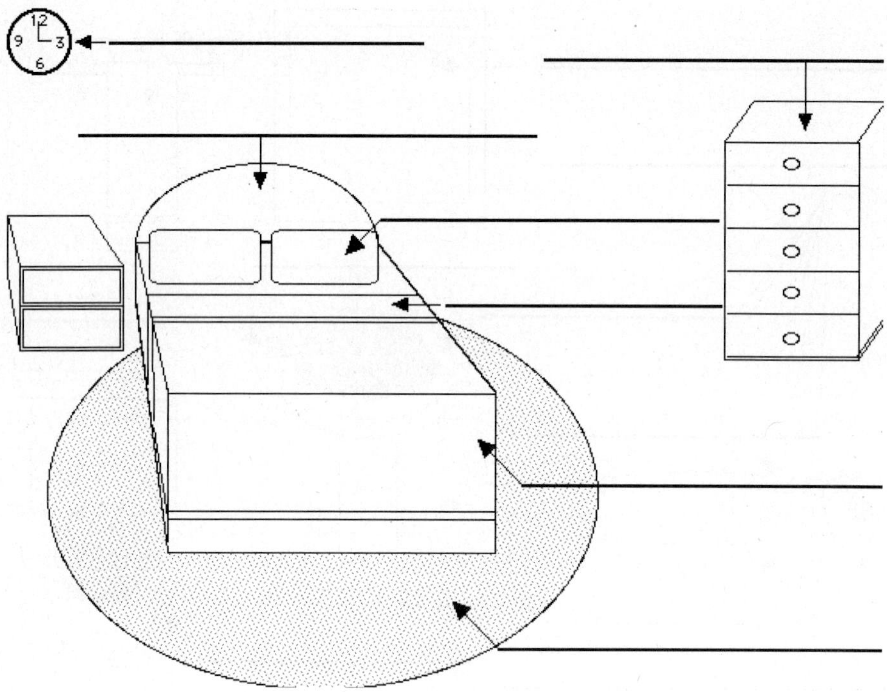

das Bett
die Bettdecke
das Bettuch
das Kissen
die Kommode
der Teppich
die Uhr

Grammatik

● 동사의 현재인칭변화 II (강변화)

	1) fahren	2) sehen	helfen	3) halten
ich	fahre	sehe	helfe	halte
du	**fährst**	**siehst**	**hilfst**	**hältst**
er/sie/es	**fährt**	**sieht**	**hilft**	**hält**
wir	fahren	sehen	helfen	halten
ihr	fahrt	seht	helft	haltet
sie	fahren	sehen	helfen	halten
Sie	fahren	sehen	helfen	halten

- 1)의 경우와 같이 강변화 동사 중 어간모음이 a, au인 대부분 동사는 2인칭 단수(du)와 3인칭 단수(er/sie/es)에서 변모음 ä, äu로 변한다.
  tragen, schlafen, fangen, lassen, schlagen, gefallen, laufen, saufen …

- 2)의 경우와 같이 강변화 동사 중 어간모음이 e인 동사인 경우 e가 장음이면 ie [i:]로 되고, e가 단음이면 i [ɪ]로 된다.
  - 장음인 경우 : lesen, befehlen, empfehlen …
  - 단음인 경우 : essen, sprechen, sterben, werfen …

주의	· lesen :	du liest	· gehen :	du gehst
		er liest		er geht
	· stehen :	du stehst	· geben :	du gibst
		er steht		er gibt

- 3)의 경우와 같이 현재 인칭 변화하는 동사들: raten, schelten, treten…

동사의 현재인칭변화 III (예외변화)

· **nehmen**

ich	**nehme**	wir	nehmen
du	**nimmst**	ihr	nehmt
er/ sie/ es	**nimmt**	sie / Sie	nehmen

· **wissen**

ich	**weiß**	wir	wissen
du	**weißt**	ihr	wisst
er/ sie/ es	**weiß**	sie / Sie	wissen

ja, nein, doch

- 긍정의 질문에 대한 긍정의 답: ja
  Hast du Geld? ⇒ **Ja**, ich habe Geld.
- 긍정의 질문에 대한 부정의 답: nein
  Hast du Geld? ⇒ **Nein**, ich habe **kein** Geld.
- 부정의 질문에 대한 부정의 답: nein
  Hast du **kein** Geld? ⇒ **Nein**, ich habe **kein** Geld.
- 부정의 질문에 대한 긍정의 답: doch
  Hast du **kein** Geld? ⇒ **Doch**, ich habe Geld.

부정

- **nicht** : 부사로 동사(문장의 내용), 형용사, 다른 부사 및 특정한 낱말을 부정하고자 할 때 쓰인다.
  Lars kommt heute **nicht**.
- **kein** : 형용사로 명사를 부정할 때, 그 중에서도 부정관사가 있는 명사나 또는 무관사 명사를 부정할 때 쓰인다. 부정관사 어미 변화를 한다.
  Hast du **einen** Ball? - Nein, ich habe **keinen** Ball.

▶ 주의: 정관사가 붙은 명사를 부정할 때는 nicht를 사용한다.

Er hat den Ball. → Er hat den Ball **nicht**.

Ist das Kaffe? - Nein, das ist **kein** Kaffe. Das ist Tee.

● 비인칭 주어 es

• 시간이나 날씨 등을 나타낼 때 비인칭 주어 es를 사용한다.

Wie spät ist **es**? - **Es** ist sieben Uhr.

Wie ist das Wetter? - **Es** regnet. (*der* Regen)

- Es schneit. (*der* Schnee)
- Es blitzt. (*der* Blitz)
- Es donnert. (*der* Donner)
- Es ist windig.
- Es ist wolkig.
- Es ist nebelig.
- Es ist heiß.
- Es ist warm.
- Es ist kühl.
- Es ist kalt.

※ Die Sonne scheint.

문법연습

A. 다음 ( ) 안의 동사를 문장에 맞게 현재인칭변화 시키시오.

1. Der Student ___________ eine Blume. (sehen)
2. Du ___________ gut Deutsch. (sprechen)
3. Mein Vater ___________ eine Zeitung. (lesen)
4. Das Kind ___________ gut. (schlafen)

5. Ich fahre nach Köln. Und Wohin __________ du, Karl? (fahren)
6. Ich __________ es nicht. (wissen)
7. Die Katze __________ die Mäuse. (fangen)
8. __________ du einen roten Apfel? (nehmen)
9. Was __________ du gern? (essen)
10. Michael __________ seiner Freundin eine Blume. (geben)

B. 다음 밑줄 친 곳에 Ja, Nein, Doch를 알맞게 써넣으시오.

1. Haben Sie keine Zeit? __________, ich habe Zeit.
2. Ist Herr Schuhmacher nicht hier? __________, er ist nicht hier.
3. Nehmen Sie Milch? __________, lieber Kaffee.
4. Nehmen Sie Zucker? __________, gern.

Landeskunde

독일의 학교 제도

독일은 만 6세에서 18세까지 12년 간의 의무교육을 실시하고 있다. 그 중에서 최소한 9년 간(일부 주는 10년)은 의무적으로 전일제 학교를 다녀야만 한다. 그 다음 직업학교의 경우에는 파트타임 형태의 학교를 다니게 된다. 의무교육 기간 동안의 학교교육은 무료로 실시된다. 교과서를 비롯한 일부 학습자료들도 무료로 제공된다. 독일에서는 우리나라의 초등학교에 해당하는 그룬트슐레(Grundschule)를 4년 동안 다니고, 학생들의 적성과 성적에 따라 4개 유형의 중·고등학교 가운데 하나를 선택하여 진학하게 된다.

- 김나지움(Gymnasium): 우리나라의 인문계 중·고등학교에 해당하는데, 하웁트슐레나 레알슐레에 비해 훨씬 수준이 높다. 즉 중등교육기관으로서는 사회적 위세가 가장 높은 학교로서 주로 종합대학교에 진학할 준비를 시킨다. 9년 과정인 김나지움을 마친 학생들은 대학진학 자격시험인 '아비투어(Abitur)'에 응시하게 되며, 이 시험의 결과에 따라 원하는 대학에 진학하게 된다.
- 레알슐레(Realschule): 6년 과정으로 김나지움과 하웁트슐레의 중간에 놓인 학교이며, 학문적으로도 중간 수준을 차지하고 있다. 졸업 후 직업전문학교나 고등직업학교에 진학할 수 있으며, 이후 공무원, 사무원, 은행원과 같이 경제계나 행정직에서 중간 직책을 차지하게 된다.
- 하웁트슐레(Hauptschule): 중등교육기관 중 위세가 가장 낮은 학교로 보통 국민이 갖추어야 할 일반적인 지식을 교육한다. 교육연한은 주마다 차이가 있지만 대개는 5학년에서 9학년까지의 5년 간이다(일부 주는 6년). 졸업 후 대부분 수공업체나 산업체에서 직업훈련을 시작하며 그와 병행하여 18세까지 직업학교에 다니게 된다.
- 게잠트슐레(Gesamtschule): 김나지움, 레알슐레, 하웁트슐레 등의 삼분제 학교

제도는 특히 호환성이 결여되었다는 비판을 받았었다. 즉 많은 아이들에게 너무 일찍 자신의 진로를 선택하게 하고 또 후에 잘못 내려진 결정을 수정하기가 너무 힘들다는 것이다. 그 구제책으로 위의 세 학교를 통합한 종합학교인 게잠트슐레가 생겼다.

<독일의 현행 학교제도>

축제(Ⅰ): 카니발

사순절에 들어가기 직전에 독일 각지에서 카니발(Karneval)이 벌어진다. 다시 말하면 카니발은 고난의 사순절이 시작되기 바로 전에 며칠 동안 마음껏 즐기고 노는 행사이다. 부활절에서 역산하면 대체로 2월경에 그 절정이 된다.

카니발은 어원상 라틴어 carne vale에서 유래했는데 그 의미는 '고기를 멀리하다', '육식을 그치다'라고 한다. 따라서 보통 사육제(謝肉祭)라고 번역한다. 그러나 카니발은 주로 중부 라인 지역에서 사용되는 명칭이고, 남서부 독일에서는 '파스트나흐트'(Fastnacht)로 또는 '파스넷'(Fasnet)으로, 바이에른 지방에서는 '파싱'(Fasching)이라 불린다.

카니발은 원래는 로마의 농업신 사투르누스의 축제였는데 나중에 기독교에서 받아들인 것이다. 원래 기독교에는 요란한 축제가 하나도 없었으므로, 이런 이교에 기원을 둔 명랑한 축제를 많이 받아들여서 민중 사이에 기독교의 인기를 높이는 수단으로 삼았던 것이다.

카니발은 지방에 따라 구체적 행사, 행사의 성격 및 그 의미가 다르다. 카니발은 원래 카톨릭 지역의 풍습에 속한다. 따라서 이 축제는 개신교가 우세한 독일 북부와 동부에서는 정착하지 못했다. 그러나 카톨릭과 관련이 있다고 해서 독일의 개신교도들이 카니발에 참여하지 않는 것은 아니다. 라인란트 지방에서는

"카니발 때 바보가 되지 않는 자는 1년 내내 바보가 된다"는 속담이 있을 정도로 오늘날에는 모두가 이 광란의 축제에 참여하고 있다.

공식적으로 카니발은 11월 11일 오전 11시 11분부터 준비와 계획이 시작된다. 이는 아마도 술집과 술을 끊는 사람의 수호성인인 성 마틴의 날인 11월 11일을 축하한 이교도의 전통에서 유래했다고 하는데, 그 진위는 확실치 않다.

그러나 부어라 마셔라하고 떠드는 광란의 절정은 역시 사순절 바로 앞 주일에 벌어지는데, 그 중에서도 가장 멋진 절정은 거대한 시가행진이다. 쾰른을 비롯한 라인 강변과 남서부 독일에서는 '광란의 월요일'이란 의미를 가진 로젠몬탁(Rosenmontag) 행사가, 뮌헨에서는 '사순절 전 화요일'이란 의미의 파싱스딘스탁(Faschingsdienstag)행사가 그것이다.

카니발은 쾰른 · 뒤셀도르프 · 아헨 · 본 · 마인츠 · 뮌헨 · 뮌스터에서 가장 푸짐하게 벌어지며, 가면 무도회 · 개인 파티 · 야외극 · 행진 그리고 제일 묘한 옷차림에 가장 바보 같은 연설을 하는 사람에게 상을 주는 '바보들의 의회' 등의 행사가 열린다. 대부분의 축제들은 가면 축제이고, 따라서 시가행진에서 가장 중요한 것은 역시 가면이다. 바덴과 뷔르템부르크 지방에서는 일반적으로 빗자루를 가진 마녀가 시가행진에 등장한다. 부활절까지 이어질 겨울을 미리 그들이 쓸어 가 버린다는 의미에서이다. 그렇게 함으로써 혹독한 겨울을 쫓고 봄의 새 생명을 눈뜨게 한다는 것이다.

카니발에서는 오늘날 일상적인 고난과 케케묵은 인습의 속박으로부터 벗어나 삶을 즐기고, 허위와 과장을 통해 다른 사람, 예컨대 정치가나 정부를 조롱할 수 있는 기회가 제공되며 이에 대해선 어떤 책임도 질 필요가 없다.

그러나 화요일이 됨과 동시에 즐거운 시간은 끝나고, 재의 수요일로 시작하여 부활절까지는 침울한 사순절이 시작된다.

LEKTION 6

Was ist dein Hobby?

Mobil 1
adidas

Dialog

Was ist dein Hobby?

Lisa	Guten Tag! Wie geht's euch?
Andreas	Danke, gut.
Thomas	Danke, sehr gut. Und dir?
Lisa	Auch gut.
Andreas	Wohin gehst du denn?
Lisa	Ich gehe jetzt schwimmen.
	Kommst du mit?
Andreas	Ich schwimme nicht gern.
Lisa	Was machst du gern?
Andreas	Ich spiele gern Fußball.
	Fußball ist mein Hobby.
Lisa	Spielst du auch gern Tennis?
Andreas	Ja, sehr gern. Und du?
Lisa	Ich auch.
	Thomas, was ist dein Hobby?
Thomas	Mein Hobby ist Computer.
	Ich möchte Computerprogrammierer werden.
Lisa	Wunderbar!

새로운 단어 및 표현

das Hobby 취미

sehr 매우, 아주

wohin 어디로 (의문부사)

gehen (걸어서) 가다

jetzt 지금, 이제

schwimmen 수영하다

mitkommen 함께 오다, 동반하다

gern 기꺼이

spielen 1. (아이들이) 놀다, 게임을 하다, 운동 시합을 하다. 2. 악기를 연주하다

der Fußball 축구

möchten (mögen의 접속법) 무엇을 원하다, 가지고 싶다, 하고 싶다

werden ~이 되다

der Computerprogrammierer 컴퓨터 프로그래머

wunderbar 놀라운, 경이로운

해석

앞의 대화에서 중요한 부분을 채워봅시다.

네 취미는 뭐니?

Lisa	안녕! ______________________?
Andreas	응, 잘 지내.
Thomas	응, 아주 잘 지내고 있어. 너는 어때?
Lisa	아도 잘 지내.
Andreas	그런데 지금 어디 가니?
Lisa	______________________.
	너도 같이 갈래?
Andreas	고맙지만 사양할래. 나는 수영을 좋아하지 않거든.
Lisa	______________________?
Andreas	나는 축구를 즐겨 해.
	축구가 내 취미거든.
Lisa	테니스 치는 것도 좋아하니?
Andreas	그럼, 매우 좋아하지. 너는?
Lisa	나도 그래.
	토마스, ______________________?
Thomas	내 취미는 컴퓨터야.
	나는 컴퓨터 프로그래머가 되고 싶어.
Lisa	__________________!

취미 활동

A: Was ist dein Hobby?
B: Mein Hobby ist Tanzen.

A: Was ist Ihr Hobby?
B: Mein Hobby ist Schwimmen.

A: Was machst du gern?
B: Ich spiele gern Klavier.

A: Was machen Sie gern?
B: Ich male gern.

A: Spielst du gern Fußball?
B: Ja, sehr gern. Und du?

A: Hören Sie gern Musik?
B: Nein, ich höre nicht gern Musik.

취 미

- Fußball spielen 축구하기
- Tennis spielen 테니스하기
- Taekwondo machen 태권도하기
- schwimmen 수영하기
- Rad fahren 자전거 타기
- Klavier spielen 피아노 치기
- Gitarre spielen 기타 치기
- Musik hören 음악 감상
- Musik machen 음악 연주
- singen 노래 부르기
- malen 그림 그리기
- lesen 독서하기
- tanzen 춤추기
- reisen 여행하기
- spazieren gehen 산책하기 (참고: *der* Spaziergang)
- spazieren fahren 드라이브하기 (참고: *die* Spazierfahrt)
- wandern 도보 여행하기 (참고: *die* Wanderung)
- angeln 낚시하기 (참고: *die* Angel)
- kochen 요리하기
- fotografieren 사진 촬영하기
- ins Kino gehen 영화 보기
- ins Theater gehen 연극 보기
- ins Konzert gehen 음악회 가기

장래 희망

A: Was möchtest du werden?
B: Tennisspieler. Und du?

A: Was möchten Sie werden?
B: Maler. Ich male gern.

A: Ich möchte Arzt werden. Und du?
B: Lehrerin.

A: Was ist dein Traumberuf?
B: Popsänger.
Ich singe gern.

종합 연습
Alle zusammen

● 아래 예들을 이용하여 보기와 같이 대화를 완성하시오.

▶ Andreas - Fußball spielen ▶ Lisa - Schwimmen

▶ Thomas - tanzen ▶ Anna - Klavier spielen ▶ Julia - malen

▶ Leon - reisen ▶ Michael - Taekwondo machen

보기 A: Andreas, was ist dein Hobby?
B: Fußballspielen. Ich spiele gern Fußball.

1) A: Anna, was ist dein Hobby?

B: ____________________. ______________________________.

2) A: Michael, was ist dein Hobby?

B: ____________________. ______________________________.

3) A: ______________________________?

B: Tanzen. Ich tanze gern.

4) A: __________, was ist dein Hobby?

B: Reisen. ______________________________.

5) A: Julia, ________________________?

B: ____________________. ______________________________.

6) A: ______________________________?

B: Schwimmen. ______________________________ .

● 왼쪽의 취미 활동과 오른쪽의 직업 명칭을 서로 관련 있는 낱말끼리 짝지어 보시오.

• tanzen	• Fußballspieler
• singen	• Klavierspieler
• Tennis spielen	• Koch
• malen	• Tänzer
• Fußball spielen	• Maler
• Klavier spielen	• Sänger
• kochen	• Tennisspieler

● 다음 보기와 같이 문장을 바꾸어 보시오.

보기	Ich tanze gern. ↔ Mein Hobby ist Tanzen.

1) Ich reise gern → ______________________.

2) Mein Hobby ist Tennis spielen → ______________________.

3) Dein Hobby ist Musik hören. → ______________________.

4) Er malt gern. → ______________________.

5) Ich spiele gern Gitarre. → ______________________.

● 아래 예들을 이용하여 보기와 같이 대화를 완성하시오.

▶ Leon - Tennisspieler

▶ Anna - Sängerin

▶ Thomas - Maler

▶ Julia - Tänzerin

▶ Peter - Tierarzt

▶ Michael - Violinist

보기 A: Leon, Was möchtest du werden?
B: Tennisspieler. Ich spiele gern Tennis.

1) A: Anna, ______________________________?
B: Sängerin. ______________________________.
2) A: Thomas, ______________________________?
B: Maler. ______________________________.
3) A: Julia, ______________________________?
B: Tänzerin. ______________________________.
4) A: Peter, ______________________________?
B: __________. Ich habe Tiere gern.
5) A: Michael, ______________________________?
B: __________. ______________________________.

● 위의 예들을 이용하여 보기와 같이 문장을 완성하시오.

보기	Leon möchte Tennisspieler werden. Er spielt gern Tennis.

1) Anna ____
2) Thomas ____
3) Julia ____
4) Peter ____
5) Michael ____

Grammatik

● möchten 동사

- möchten은 화법조동사 mögen의 접속법 과거 형태로 '~하고 싶다'는 소망을 나타낸다.
- 어미변화는 접속법의 어미변화에 따라 다음과 같이 인칭변화 한다.

ich	möchte	wir	möchten
du	möchtest	ihr	möchtet
er/ sie/ es	möchte	sie / Sie	möchten

- möchten을 사용하면 본동사가 부정형으로 문장의 끝에 위치한다.

  Ich **möchte** Baseballspieler **werden**.

  Was **möchtest** du **werden**?

  Ich **möchte** ins Kino gehen.

  Was **möchten** Sie **essen**?

  Ich **möchte** Schnitzel und Salat **essen**.

- 그 의미를 미루어 알 수 있는 경우 본동사를 생략할 수 있다.

  Was **möchten** Sie?

  Ich **möchte** Pizza.

● 분리동사

분리동사 = 분리전철 + 기본동사 (예: ankommen = an + kommen)

- 분리동사에서 전철로는 전치사와 부사, 형용사 등이 많으며, 명사, 동사도 전철로 쓰일 수 있다. 주요 분리동사를 예를 들면 다음과 같다.

  · **ab-**: abfahren, abfliegen
  · **an-**: ankommen, anrufen
  · **auf-**: aufstehen
  · **aus-**: ausgehen, aussteigen
  · **ein-**: eingehen, einsteigen
  · **mit-**: mitkommen, mitbringen

· **vor-**: vorhaben · **teil-**: teilnehmen

· **kennen-**: kennenlernen · **spazieren-**: spazierengehen

● 분리전철에 강세가 있다.

· ánkommen · ábfahren

● 분리전철은 주문장에서 기본동사 부분과 분리되어 문장의 끝에 위치한다.

Der Zug fährt um 10 Uhr **ab**.

Er steht sehr früh **auf**.

Was haben Sie heute **vor**?

Kommst du **mit**?

● 문장에 (화법)조동사가 나오면 분리동사는 문장의 맨 뒤에서 부정형 형태로 나타난다.

Der Zug **fährt** um 6 Uhr von Köln **ab**.

Der Zug **muss** um 6 Uhr von Köln **abfahren**.

● 비분리동사

● 비분리전철에는 다음의 8가지가 있다.

· **be-**: besuchen, bekommen · **ge-**: gefallen, gehören

· **er-**: erlauben, erfahren · **ver-**: verstehen, verkaufen

· **zer-**: zerbrechen, zerstören · **ent-**: entdecken, entschuldigen

· **emp-**: empfangen, empfehlen · **miss-**: missverstehen, misslingen

● 분리동사와는 달리 비분리동사는 전철이 어떠한 경우에도 분리되지 않는다.

Er **bescht** seinen Freund.

Es **gefällt** mir gut.

Der Arzt **erlaubt** mir die Reise nicht.

Ich **verstehe** dich nicht.

• 비분리전철에 강세가 없고, 강세는 기본동사에 있다.

· bekómmen · gefállen

● 형용사의 용법

- 술어적 용법: Sie ist **schön**. (어미 변화 없음)
- 부사적 용법: Sie singt **schön**. (어미 변화 없음)
- 부가어적 용법: Sie ist **schöne** Frau. (어미 변화 있음)
- 명사적 용법: Sie ist die **Schöne**. (어미 변화 있음)

● 형용사의 부가어적 용법

명사 앞의 형용사는 명사의 성 · 수 · 격에 따라서 어미 변화를 한다.

1) 강변화 : 형용사 + 명사 ⇨ 정관사변화

수	단수			복수
격 \ 성	남성	여성	중성	
1격	-er	-e	-es	-e
2격	※-en(-es)	-er	※-en	-er
3격	-em	-er	-em	-en
4격	-en	-e	-es	-e

- ※한 부분을 제외하고는 정관사 변화 어미와 같다.

• 용례

	남성	여성	중성	복수
1격	**guter** Wein	**gute** Luft	**gutes** Buch	**gute** Menschen
2격	**guten** Weines	**guter** Luft	**guten** Buches	**guter** Menschen
3격	**gutem** Wein	**guter** Luft	**gutem** Buch	**guten** Menschen
4격	**guten** Wein	**gute** Luft	**gutes** Buch	**gute** Menschen

Ich trinke immer kaltes Wasser.

Deutscher Wein schmeckt mir sehr gut.

Trotz starken Regens gehen wir aus.

2) 약변화 : 정관사(류) + 형용사 + 명사

수	단수			복수
격＼성	남성	여성	중성	
1격	-e	-e	-e	-en
2격	-en	-en	-en	-en
3격	-en	-en	-en	-en
4격	-en	-e	-e	-en

- 남성 · 여성 · 중성의 1격과 여성 · 중성 4격은 -e, 나머지는 -en
- 정관사류: dies-, jen-, solch-, welch, all-, manch-, jed-

• 용례

	남성	여성	중성	복수
1격	der alte Mann	die alte Frau	das alte Haus	die alten Männer
2격	des alten Mannes	der alten Frau	des alten Hauses	der alten Männer
3격	dem alten Mann	der alten Frau	dem alten Haus	den alten Männern
4격	den alten Mann	die alte Frau	das alte Haus	die alten Männer

Der *alte* Mann wohnt in dieser *alten* Wohnung.

Die *große* Stadt liegt in Süddeutschland.

Er gibt mir den *blauen* Kugelschreiber.

3) 혼합변화 : 부정관사(류) + 형용사 + 명사

수 / 격 \ 성	단수			복수
	남성	여성	중성	
1격	-er	-e	-es	-en
2격	-en	-en	-en	-en
3격	-en	-en	-en	-en
4격	-en	-e	-es	-en

- 남성 · 여성 · 중성의 1격과 여성 · 중성 4격은 정관사 어미 변화, 나머지는 -en
- 부정관사류: 소유대명사(mein, dein…)와 부정수사 kein

• 용례

	남성	여성	중성	복수
1	ein alt**er** Mann	eine alt**e** Frau	ein alt**es** Haus	meine alt**en** Männer
2	eines alt**en** Mannes	einer alt**en** Frau	eines alt**en** Hauses	meiner alt**en** Männer
3	einem alt**en** Mann	einer alt**en** Frau	einem alt**e** Haus	meinen alt**en** Männern
4	einen alt**en** Mann	eine alt**e** Frau	ein alt**es** Haus	meine alt**en** Männer

Ein gutes Buch ist ein guter Freund.
Wo ist mein neues Buch?
Ein alter Mann sitzt auf dem Stuhl.

● 형용사의 명사적 용법

형용사는 첫 글자를 대문자로 써서 명사로 사용되기도 한다. 남성, 여성 및 복수는 사람을 의미하고, 중성은 사물이나 추상적인 개념을 나타낸다. 형용사가 명사적으로 쓰이는 경우더라도 일반 형용사와 마찬가지로 형용사 어미변화를 한다.

• der Alte (= der alte Mann)

• etwas Neues
• Alles Gute

문법연습

A. 두 문장의 뜻이 같도록 ________ 를 채우시오.

1. Wann beginnt der Film?
   = Wann fängt der Film ________ .
2. Er öffnet die Tür.
   = Er macht die Tür ________ .
3. Die Mutter schließt das Fenster.
   = Die Mutter macht das Fenster ________ .
4. Was planen sie am Wochenende?
   = Was haben Sie am Wochenende ________ .

B. 다음 ________ 에 알맞은 말을 다음 보기에서 골라 넣으시오.

보기	ab, an, ein, mit, statt, teil, zu

1. Wann kommt der Zug ________ ?
2. Der Zug fährt pünktlich ________ .
3. Ich rufe dich ________ .
4. Hans steigt in Stuttgart in den Zug ________ .
5. Ich nehme an der Versammlung ________ .
6. Das Spiel findet auf dem Sportplatz ________ .

C. 다음 빈칸에 알맞은 어미를 써넣으시오.

1. Gut_____ Wein ist teuer.
2. Mein Vater hat ein neu_____ Auto.
3. Ich trinke gern kalt_____ Bier.
4. Wer ist der alt_____ Mann dort?
5. Wegen schlecht_____ Wetters kann er nicht kommen.
6. Lukas schreibt seiner schön_____ Freundin einen lang_____ Brief.
7. Im Garten des klein_____ Hauses gibt es viel_____ Blumen.
8. Wir arbeiten von früh_____ Morgen bis zum spät_____ Abend.
9. Ein klein_____ Kind spielt in dem Garten.
10. Der klien_____ Kind steht vor dem Haus.

D. 다음 빈칸에 알맞은 형용사를 써넣으시오(반의어).

1. Die Suppe ist kalt. Ich möchte eine ___________ Spppe.
2. Der Mantel ist teuer. Ich möchte einen ___________ Mantel.
3. Das Kleid ist kurz. Ich möchte ein ___________ Kleid.
4. Die Jacke ist hell. Ich möchte eine ___________ Jacke.

Landeskunde

독일의 최고 인기 스포츠 "축구"

독일 사람들이 가장 좋아하는 스포츠는 역시 축구로 독일어로는 '푸쓰발' (Fußball)이라 한다. 아마추어 축구 클럽의 수가 수천 개에 이르며 이에 가입한 회원수가 무려 6백만 명이 넘는다는 사실이 이를 증명한다. 따라서 이 클럽들을 관장하는 독일축구연맹은 스포츠 조직으로서는 독일에서 가장 크다.

축구는 프로경기를 통해 매주 수 십만 명의 관객을 사로잡는다. 독일 최고의 프로축구 리그는 분데스리가(Bundesliga)라 하는데, 이는 다시 1부와 2부로 나뉘어져 있다. 분데스리가 1부에는 18개 팀이 활약하고 있고, 2부 리그에는 20개 팀이 있다. 이밖에도 수많은 일반 프로팀이 있다.

축구경기에 새로운 활력을 불어넣기 위해 1963년 가을부터 시작된 분데스리가는 시즌 경기를 매월 8월 하순에 시작하여 이듬해 6월 상순에 끝낸다. 그러나 12월 중순부터 2월 중순에 걸쳐서 겨울 휴식기간에 들어간다. 1부의 18개 팀은

예: 2000/2001 분데스리가 1부 시즌 최종 성적

순위	축구 팀	승점	순위	축구 팀	승점
1	Bayern München	63	10	1. FC Köln	46
2	FC Schalke 04	62	11	TSV 1860 München	44
3	Borussia Dortmund	58	12	FC Hansa Rostock	43
4	Bayer Leverkusen	57	13	Hamburger SV	41
5	Hertha BSC Berlin	56	14	Energie Cottbus	39
6	SC Freiburg	55	15	VfB Stuttgart	38
7	SV Werder Bremen	53	16	SpVgg Unterhaching	35
8	1. FC Kaiserslautern	50	17	Eintracht Frankfurt	35
9	VfL Wolfsburg	47	18	VfL Bochum	27

자기 지역과 상대 지역을 오가며 경기를 하는 이른바 '홈 앤 어웨이' 방식으로 한 팀 당 총 34게임을 치른다. 시즌이 끝난 후 최종 성적에 따라 최하위 세 팀은 2부 리그로 내려가고, 2부 리그의 상위 세 팀이 1부 리그로 올라온다. 또한 2부 리그 하위 4개 팀은 일반 팀으로 내려가며 일반 팀에서 상위 4개 팀이 2부 리그로 올라온다.

독일의 프로 축구는 각 도시를 연고지로 한 지역연고제를 도입하고 있으며, 따라서 축구팀의 명칭도 도시 이름을 넣어 만들어졌다. 예컨대 바이에른 뮌헨, 바이어 레버쿠젠, 보루시아 도르트문트 등으로 불린다.

분데스리가 1부와 2부 리그의 경기는 텔레비전으로 생중계 되지 않는다. 모든 경기가 끝난 다음 스포츠 시간에 각 경기의 주요장면을 간추려 보여주는 녹화 방송이 고작이다(별도의 시청료를 내는 유료 케이블 방송으로는 가능하다). 따라서 경기의 생동감이나 전 경기를 보기 위해서는 경기장을 찾아야 한다. 경기는 대개 토요일 오후에 열린다.

독일은 국제적으로도 그 동안 17차례 열린 월드컵 대회 가운데 15차례나 본선에 진출한 축구 강국이다. 2002년 한일 월드컵까지 15회 출전, 연속 13회 본선진출이라는 기록을 세웠다. 그 동안 우승 3회, 준우승 4회(2002년 한일 월드컵 준우승 포함)를 기록하고 있다.

그리고 한 가지 더 언급할 것은 2006년 월드컵 개최지가 바로 독일이라는 점이다.

축제(II): 뮌헨의 옥토버페스트

독일의 맥주 축제 가운데 가장 유명한 것은 매년 뮌헨에서 열리는 시월축제, 즉 옥토버페스트(Oktoberfest)이다. 기간은 16일간으로 매년 10월의 첫째 일요일을 최종일로 한다. 따라서 축제의 시작일은 9월 말경의 토요일로 매년 조금씩 다르다. 예컨대 2003년의 경우 축제 기간은 9월 20일에서 10월 5일까지다. 사실 시월축제라 해도 축제 기간의 대부분은 9월에 속하는 것이다.

이 축제는 1810년 10월 12일 바이에른 공국의 황태자 루트비히 1세와 작센의 공주 테레지아의 결혼을 축하한 경마 모임에서 비롯되었다. 현재에는 이 축제에 참가하는 인원은 600~700백만 명(최고 기록: 1985년의 710만 명)에 이른다. 그 가운데 인근 유럽 국가를 비롯하여 전 세계에서 찾아오는 외국인 관광객도 10%에 해당하는 60~70여만 명이나 된다.

이처럼 수백만의 사람들이 한꺼번에 모이기 때문에 이 기간 중에 소비되는 맥주와 음식의 양도 가히 천문학적이다. 이 기간 중 소비되는 맥주는 생맥주 500cc잔으로 1,420만 잔에 해당하는 약 530만 리터(1985년 최고 기록)에 달하며, 그에 따르는 음식 또한 생선 40톤, 닭 65만 마리, 소시지는 110만 톤에 이르는 등 엄청난 규모이다.

축제는 축포 신호와 함께 뮌헨 시장이 개회를 선언함으로써 시작된다. 시장은 대

옥토버페스트에서 맥주를 나르는 모습
- 양손에 1000cc잔 10개를 거뜬히 들고 있다. 그 비결은 팔 힘도 세야 하지만 무엇보다도 가슴의 힘이 좋아야 한다고 한다.

회장의 중심인 옛 궁정양조장 호프브로이하우스의 맥주통에서 그 해의 새로운 맥주를 꺼내 높이 쳐드는 것으로 행사의 시작을 알리는 것이다.

이어서 거리에서는 시장이 탄 마차를 선두로 하여 검정과 흰색의 승복을 입고 말을 탄 여성들과 맥주통을 가득 싣고 화려하게 꾸민 마차와 민속의상을 입은 각 지역 그룹들이 차례로 뒤따르는 대형 퍼레이드가 벌어진다. 이 퍼레이드의 관전을 위해 뮌헨 시는 주요거리에 간이 스탠드를 설치, 구경꾼들의 참여를 유도하고 분위기를 고조시킨다.

한편 축제의 중심지는 이전에 루트비히 1세의 결혼식이 거행되었던 뮌헨 성문 앞 잔디밭인데, 그 후 왕비의 이름을 따 테레지엔 비제(Theresien Wiese)라 부르고 있다. 뮌헨 사람들은 이 잔디 광장을 간단히 비즌(wies'n)이라고 부르기도 한다. 여기에는 축제 기간 동안 맥주 회사들이 설치한 대형 텐트들이 즐비하며, 그 안에는 남녀노소나 인종의 구분 없이 수백, 수천의 사람들이 항상 만원을 이룬다.

축제 기간 동안에는 연일 생맥주 파티가 열리며 사람들이 한데 어울려 춤과 노래를 즐긴다. 악단이 연주하는 민속음악에 맞춰 어깨동무하여 노래도 부르고 흥이 나면 일어나서 함께 춤을 추기도 하며 어떤 때는 죽 늘어서서 기차놀이를 하는 등 한마음이 되어 마음껏 맥주를 즐긴다. 그러다 악단의 리더가 '프로스트!'(prost) 또는 '쭘 볼!'(zum Wohl)하고 건배를 선창하면 모두 일어나 잔을 높이 들고 건배를 한다.

그리고 텐트 주변에는 어린이를 위하여 회전목마 · 자동차 · 기차 등의 놀이기구가 설치되며, 각종 이벤트를 위한 가설무대가 세워진다. 이로써 옥토버페스트는 명실공히 어른과 어린이, 관광객이 모두가 어우러지는 흥겨운 축제가 되는 것이다.

뮌헨 시는 이 축제를 위해 연간 약 250억 원을 투입하여 6,000억 원 가량의 관광수입을 올린다 한다. 즉 이 축제는 투자비용의 20배 이상을 거둬들여 뮌헨시의 재정에 크게 일조를 하고 있다. 또한 축제에 참가하는 외국 관광객들로 인해 기간 중에는 뮌헨 시 인근 200㎞ 안에 있는 전 숙박업소가 동날 정도라고 알려져 있다.

LEKTION 7

Wie viel kostet das?

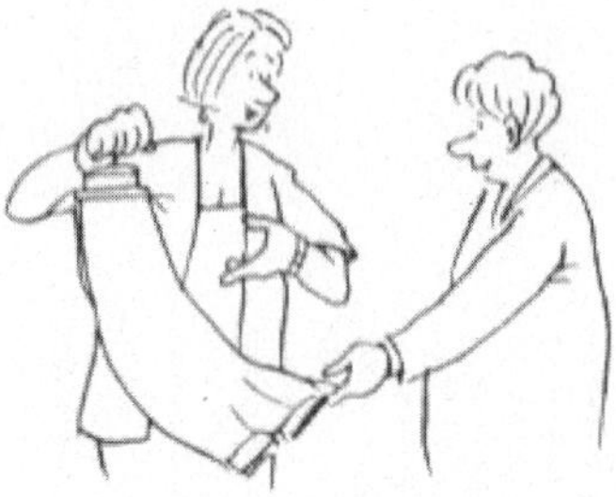

Dialog

Wie viel kostet das?

Im Winterschlussverkauf kann man in Deutschland billiger einkaufen. Heute fängt der Winterschlussverkauf an. Daniel braucht einen Pullover. Er geht in ein Kaufhaus.

Daniel	Guten Tag.
Verkäuferin	Guten Tag. Kann ich Ihnen helfen?
Daniel	Ich suche einen Pullover.
Verkäuferin	Die Pullover sind hier. Welche Größe haben Sie?
Daniel	Größe 41.
Verkäuferin	Welche Farbe möchten Sie?
Daniel	Schwarz, aber blau geht auch.
Verkäuferin	Wie finden Sie diesen da?
Daniel	Oh, der gefällt mir gut. Darf ich den mal anprobieren?
Verkäuferin	Natürlich.
Daniel	Ja, der passt. Wie viel kostet er denn?
Verkäuferin	49,99 Euro.
Daniel	Das ist aber teuer! Haben Sie etwas Billigeres?
Verkäuferin	Dieser Pullover kostet 22,99 Euro.
Daniel	Gut, den nehme ich.
Verkäuferin	Möchten Sie sonst noch etwas?
Daniel	Nein, danke. Das ist alles.

	Wo soll ich den Pullover bezahlen?
Verkäuferin	Dort ist die Kasse! Auf Wiedersehen!
Daniel	Wiedersehen!

새로운 단어 및 표현

der Winterschlussverkauf 겨울마감 바겐세일

kann ~를 할 수 있다. (화법조동사 können의 현재 1·3인칭변화)

billiger 더 싸게 (billig의 비교급)

einkaufen 사다, 구입하다

anfangen 시작하다

brauchen 필요로 하다, 요하다

der Pullover 스웨터

das Kaufhaus 백화점

die Verkäuferin (여성) 판매원

helfen + 3격 ~를 돕다

suchen 찾다

die Größe a) 크기(사이즈) b) 크기, 면적, 부피 c) 신장, 키

die Farbe 색깔

schwarz 검정

blau 파랑

finden 1. 찾아내다 2. 어떠하다고 판단하다

dieser/diese/dieses 이, 이것 <지시대명사: 정관사 어미 변화>

gefallen 마음에 들다 (3격 지배 동사)

darf ~를 해도 좋다 (화법조동사 dürfen의 현재 1 · 3인칭변화)
probieren 1. (시도)해 보다 2. (적합한지) 시험하다 3. 시음, 시식하다
natürlich 물론, 당연히
passen a) (옷 따위가) 꼭 맞다 b) 어울리다, 적합하다
Wie viel ~? 얼마나, 어느 정도
kosten 값이 얼마 나가다
teuer 비싼
etwas 약간, 어떤 것
nehmen 취하다, 잡다
sonst 그렇지 않으면
bezahlen 값을 지불하다
die Kasse 계산대, 카운터

해석

앞의 대화에서 중요한 부분을 채워봅시다.

이것은 얼마입니까?

독일에서는 겨울마감 바겐세일에서 보다 싸게 물건을 구입할 수 있다. 오늘 겨울마감 바겐세일이 시작한다. 다니엘은 스웨터가 하나 필요하다. 그는 백화점으로 간다.

Daniel	안녕하세요.
Verkäuferin	어서 오세요. ______________________________?
Daniel	스웨터를 찾는데요.
Verkäuferin	스웨터들은 여기에 있어요. ______________________________?
Daniel	41인데요.
Verkäuferin	______________________________?
Daniel	검은색, 또는 파란색도 괜찮아요.
Verkäuferin	______________________________?
Daniel	오, 내 마음에 드는군요. 입어봐도 될까요?
Verkäuferin	물론이죠.
Daniel	예, 잘 맞는군요. ______________________________?
Verkäuferin	49.99 유로입니다.
Daniel	너무 비싸군요. 좀 더 싼 것이 있습니까?
Verkäuferin	이 스웨터는 22.99 유로입니다.
Daniel	좋아요. 그것을 사겠습니다.
Verkäuferin	그밖에 또 원하시는 것이 있습니까?
Daniel	아니요. ________________________.

______________________________?

Verkäuferin	저쪽에 계산대가 있습니다. 안녕히 가세요.
Daniel	안녕히 계세요.

Lernen

물건 사기

● **무엇을 찾으세요?**

- Kann ich Ihnen helfen? (도와드릴까요?)
- Wie kann ich Ihnen helfen? (어떻게 도와드릴까요?)
- Was möchten Sie? (무엇을 원하세요?)
- Was wünschen Sie? (무엇을 찾으세요?)
- Was suchen Sie? (무엇을 찾으세요?)

● **나는 ~을 찾고 있습니다.**

• Ich	**suche**	einen Anzug.	나는 양복을 찾고 있습니다.
	möchte	einen Mantel.	외투를
		einen Rock.	치마를
		eine Jacke.	재킷(상의)을
		eine Hose.	바지를
		eine Bluse.	블라우스를
		eine Krawatte.	넥타이를
		ein Hemd.	와이셔츠를

● **사이즈**

A: Welche Größe haben Sie?

B: Größe 40.

Das passt gut.

Das passt nicht

Das ist zu	klein.
	groß.
	eng.
	weit.
	kurz.
	lang.

● 원하는 색깔

A: Welche Farbe möchten Sie?
B: Rot.

색깔형용사

- schwarz 검정
- beige 베이지
- rot 빨강
- violett 보라
- grün 녹색
- orange 주황
- bunt 알록달록한
- hell 밝은, 옅은
- grau 회색
- weiß 하양
- pink 분홍
- blau 파랑
- braun 갈색
- gelb 노랑
- einfarbig 단색의
- dunkel 어두운 짙은

● 물건에 대한 의견 묻고 답하기

A: Wie finden Sie dieser Mantel?
B: Der gefällt mir gut.

A: Wie gefällt es Ihnen?
B: Es gefällt mir nicht.

A: Wie gefällt dir diese Jacke?
B: Die gefällt mir gut.

A: Wie findest du diesen Mantel?
B: Er ist schön, aber zu groß für dich.

A: Wie sehe ich aus?
B: Die Jacke steht dir gut.

A: Wie sehe ich aus?
B: Die Jacke steht dir nicht.

● 가격 묻고 답하기

A: Wie viel kostet das?
B: Das kostet 80 Euro.
A: Es ist mir zu teuer.

A: Wie viel kostet diese Jacke?
B: Die kostet 50 Euro.
A: Gut, die nehme ich.

A: Was kostet das?
B: Das kostet 60 Euro.

A: Was kostet dieser Mantel?
B: Der kostet 70 Euro.

● 그 밖의 유용한 표현들

- Können Sie den Preis etwas ermäßigen? 가격을 조금 깎아 주시겠습니까?
- Das ist der feste Preis. 이것은 정찰가격입니다.

종합 연습
Alle zusammen

● 완전한 문장이 되도록 서로 연결하시오.

A: Guck mal! Der Mantel sieht	1	a	kostet der Mantel?
B: Das stimmt. Frag sie mal	2	b	vierzig Euro.
A: Wie viel	3	c	steht dir gut.
C: Er kostet	4	d	nach dem Preis!
A: Wie sehe	5	e	ich aus?
B: Der Mantel	6	f	gut aus.

● 나머지 세 낱말과 다른 하나를 고르시오.

1. anschauen - aussuchen - anrufen - anprobieren
2. Pullover - Mantel - Jacke - Brille
3. Anzug - Badehose - Krawatte - weißes Hemd
4. zu groß - zu kurz - zu weit - zu teuer
5. schön - modisch - intelligent - elegant

● 다음 대화에 적당한 말을 보기에서 골라 쓰시오.

1. A: Was möchten Sie?

   B: ______________________________.

2. A: ______________________________?

   B: 20 Euro.

3. A: Wie sehe ich aus?

B: ______________________________.

4. A: ______________________________?

B: Schwarz.

5. A: ______________________________?

B: Größe 38.

보기

- Welche Größe haben Sie?
- Der Mantel steht dir gut.
- Welche Farbe möchten Sie?
- Ich suche ein T-Shirt.
- Was kostet das?

● 서로 관계되는 낱말끼리 왼쪽과 오른쪽을 연결해 봅시다.

Wo kann man etwas kaufen?

• Im Kaufhaus	• Aspirin
• Auf der Post	• Hemd
• In der Bäckerei	• Brötchen
• In der Fleischerei	• Wurst
• In der Buchhandlung	• Briefmarke
• In der Apotheke	• Wörterbucht

● 그림을 보고 물건의 가격을 묻고 답해 보시오

1.  *der* Computer / 1200 Euro

A: Was Kostet der Computer?
(= Wie viel kostet der Computer?)
B: Der Computer kostet 1200 Euro.
(= Er kostet 1200 Euro.)

2.  *der* Fahrrad / 299 Euro

A: ______________________________?

B: ______________________________.

3.  *die* CD / 7 Euro

A: ______________________________?

B: ______________________________.

4.  *das* Buch / 11 Euro

A: ______________________________?

B: ______________________________.

5.  *der* Apfel / 1 Euro

A: ______________________________?

B: ______________________________.

Grammatik

● 화법조동사

- 화법조동사는 본동사를 도와서 본동사만으로 나타낼 수 없는 여러 가지 뜻을 보충 설명해 주는 조동사이다.
- 화법조동사는 정동사로 주어의 인칭에 따라 변화하며, 본동사는 부정형(원형)이 되어 문장의 맨 끝에 위치한다.

주어 + 화법조동사 + ···· 본동사의 원형

Ich **spreche** Deutsch.
Ich **kann** Deutsch **sprechen**.

	können	müssen	dürfen	wollen	sollen	mögen
ich	**kann**	**muss**	**darf**	**will**	**soll**	**mag**
du	**kannst**	**musst**	**darfst**	**willst**	**sollst**	**magst**
er/sie/es	**kann**	**muss**	**darf**	**will**	**soll**	**mag**
wir	können	müssen	dürfen	wollen	sollen	mögen
ihr	könnt	müsst	dürft	wollt	sollt	mögt
sie(Sie)	können	müssen	dürfen	wollen	sollen	mögen

1. können

① Ich **kann** Deutsch sprechen. (능력)
② Er **kann** heute kommen. (가능성)
③ Du **kannst** heute ins Kino gehen. (허락)

2. müssen

① Kinder **müssen** in die Schule gehen. (강요 및 의무)

② Maria ist abwesend. Sie **muss** krank sein. (확신)

③ Der Mensch **muss** einmal sterben. (필연)

3. dürfen

① Man **darf** hier rauchen. (허가)

② Hier **dürfen** Sie **nicht** parken. (금지)

4. wollen

① Ich **will** Französisch lernen. (의지)

② **Wollen** wir eine Pause machen. (권유)

③ Sie **will** ihn gesehen haben. (주장)

5. sollen

① Die Kinder **sollen** ihre Eltern ehren. (도덕적 의무)

② Er **soll** Millionär sein. (소문)

6. mögen

① Ich **mag** Kaffee trinken. (기호)

② Herr Kim **mag** etwa 40 Jahre alt sein. (주관적 추측)

- 조동사 구문에서 예측 가능한 본동사는 흔히 생략하고 조동사만 쓰기도 한다.

  Ich **kann** Deutsch sprechen. - Ich **kann** Deutsch.

  Ich **mag** Kaffee trinken - Ich **mag** Kaffee.

● 부정대명사 man

- man은 일정하지 않은 사람, 즉 일반적인 사람을 가리킨다.
- 3인칭 단수 취급하며 반복할 시에는 man으로 받는다.

  Im Winterschlussverkauf kann **man** billiger einkaufen.

  Das kann **man** nicht essen.

Sonntags arbeitet **man** nicht.

Man isst, damit **man** lebt. (살기 위하여 먹는다)

● **형용사의 비교급** (보다 자세한 것은 Lektion 8 참조)

- 형용사의 비교급은 형용사 뒤에 어미 -er를 붙인다.

· billig - billig**er** · teuer - teur**er**

· schön - schön**er** · fleißig - fleißig**er**

· klein - klein**er** · groß - größ**er**

Hier kann mann **billiger** einkaufen.

Ein Flugzeug ist **scheller** als ein Auto.

Das Wetter wird **schöner** und **schöner**.

- 예외적인 것도 있으나 소수이다.

· gut - besser · viel - mehr

문법연습

A. 다음 표지판이 있는 곳에서 무엇을 할 수 있는지를 쓰시오.

1) 

etwas essen

2) 

telefonieren

3) 

den Zug nehmen

1) Hier **kann** man etwas essen.

2) Hier **kann** man ____________________ .

3) Hier ______________________________ .

B. 다음 표지판이 있는 곳에서 무엇을 해야만 하는지를 쓰시오.

1) 

rechts fahren

2) 

halten

3) 

leise sein

1) Hier **muss** man rechts fahren.

2) Hier **muss** man ____________________ .

3) Hier ______________________________ .

C. 다음 표지판이 있는 곳에서 무엇을 해도 되는지를 쓰시오.

1) 

parken

2) 

nur geradeaus fahren

3) 

rauchen

1) Hier **darf** man parken.

2) Hier **darf** man ____________________ .

3) Hier ______________________________ .

D. 다음 표지판이 있는 곳에서 무엇을 해서는 안 되는지를 쓰시오.

1)

nicht rauchen

2)

nicht parken

3)

nicht schwimmen

1) Hier **darf** man **nicht** rauchen.
2) Hier **darf** man **nicht** ______________________ .
3) Hier ____________________________________ .

E. 보기를 참조하여 다음 문장을 완성하시오.

보기 Mutti, darf ich zu Leon gehen?
Nein, du musst deine Hausaufgaben machen.

1) Mutti, ______________ ich Fahrrad fahren?
Nein, du ______________ zuerst dein Zimmer aufräumen.
2) Mutti, ______________ wir Fußball spielen?
Nein, ihr ______________ Vati helfen.
3) Vati, ______________ wir noch fernsehen?
Nein, ihr ______________ jetzt ins Bett gehen.

Landeskunde

유럽의 단일통화 "유로"

유로의 로고

독일을 비롯한 유럽연합 국가들의 통화 단위는 유로화(Euro)이다. 유로 화는 2002년 1월 1일부터 도입되어 기존의 자국화폐들과 더불어 실제로 통용되기 시작했다. 그 후 2002년 7월 1일부터는 개별국가의 통화는 완전히 폐지되고 유로만이 유일한 법정통화가 되었다. 즉, 유로만이 유럽연합 국가들에서의 유일한 지불수단이 된 것이다.

유로 화폐는 7종의 지폐와 8종의 주화로 이루어진다. 발권은 유럽중앙은행 소관으로 되어 있고, 실제 조폐는 각국 중앙은행이 담당한다. 지폐의 경우 어디서 인쇄하더라도 완벽하게 동일하며 제작한 나라의 이름은 일절 표시되지 않는다. 주화의 경우 앞면은 공통이지만, 뒷면은 국가별로 다르게 디자인되어있다.

지폐는 모두 7종이 제작되는데 5, 10, 20, 50, 100, 200, 500유로가 그것이다. 돈 단위가 클수록 크기도 크게 만들어 맹인들도 쉽게 구별할 수 있다. 지폐의 최종 디자인은 1996년 12월 더블린 유럽이사회에서 확정되었다. 지폐의 디자인은 오스트리아 중앙은행의 화폐 디자이너인 칼리안(Robert Kalian)이 도안하였다. 화폐에 등장하는 건축물들은 실제 존재하는 유럽의 대표적 건축물이 아니라, 유럽

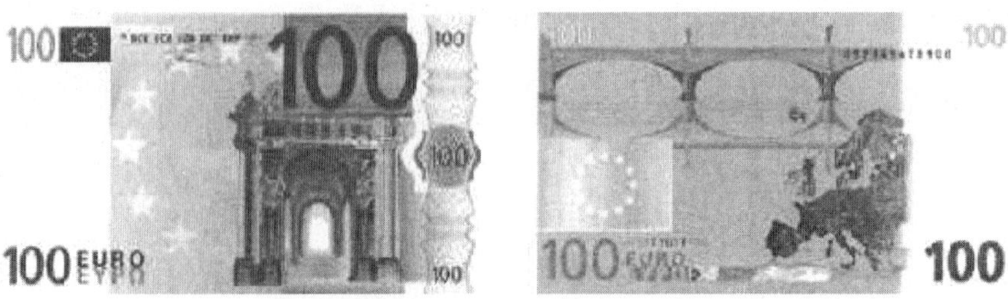

< 100유로 지폐의 앞면과 뒷면 >

을 상징하는 이미지를 형상화한 것이다. 앞면은 주로 건축물의 창문과 문을 그리고 있는데, 이는 유럽의 화합과 개방성을 의미한다. 뒷면은 유럽 대륙의 지도 위에 각 시대를 대표하는 다리들이 그려져 있는데, 이는 유럽연합 시민간 그리고 유럽연합과 외부 세계와의 교류 및 상호이해를 상징한다.

주화로는 1유로와 2유로의 유로 단위 두 종류와 유로의 1백분의 1인 센트를 단위로 1, 2, 5, 10, 20, 50유로센트 등 모두 8종이다. 주화의 최종 디자인은 1997년 6월 암스테르담 이사회에서 결정되었다. 모든 주화는 앞면에 유럽대륙을 상징하는 기본 문양으로 통일되어있다. 그러나 뒷면은 경제화폐동맹에 가입한 12개국의 모티브를 범유럽 차원의 이미지로 창출한 것이다.

< 독일에서 발행된 1유로와 2유로 동전 >

유로 국가의 통화·금융정책을 총괄 지휘하는 **유럽중앙은행**(ECB)이다. 회원국의 통화주권을 인수, 유럽 공동의 통화금융 정책을 지휘하는 유럽중앙은행은 한마디로 유럽통화동맹의 '두뇌'라 할 수 있다. 프랑크푸르트에 설치된 이 은행은 최대 출자국인 독일(24.4%)의 중앙은행 **분데스방크**를 모범으로 삼아 엄격한 통화안정 노선을 취할 것으로 예상된다.

계절 마감 판매

독일에는 여름과 겨울 두 차례에 걸쳐 할인 판매 기간이 공식적으로 정해 있다. 겨울 마감 판매(Winterschlussverkauf)는 1월의 마지막 주 월요일에 시작하여 2주일 동안, 여름 마감 판매(Sommerschlussverkauf)는 7월 마지막 주 월요일에 시작하여 2주일 동안 계속된다. 이 기간에는 철이 지난 물건들뿐만 아니라 가구, 부엌용품, 신발, 옷 등 거의 모든 생활용품을 매우 싼 가격에 구입할 수 있다.

한 여름철이나 크리스마스 전후, 또는 때때로 '특별할인'(Sonderangebot)이 실시되기도 한다. 이때는 특별한 품목에 대해서만 할인을 하는 경우가 많으며 할인율도 정규 할인 기간의 할인율보다 못한 경우가 많다.

LEKTION **8**

Was isst du gern?

Guten Appetit!

Schmeckt gut!

Dialog

Was isst du gern?

Alfred und Stefan sind auf der Straße.

Alfred	Stefan, was isst du gern?
Stefan	Ich esse gern Schnitzel und Salat. Und du?
Alfred	Ich esse gern Pizza.
Stefan	Alfred, ich habe großen Hunger.
Alfred	Ich auch. Gehen wir zum Mittagessen? Ich lade dich ein!
Stefan	Oh, das ist toll!

Sie sind jetzt im Restaurant

Ober	Bitte schön, was möchten Sie?
Stefan	Ich nehme ein Schnitzel und einen Salat.
Ober	Und was trinken Sie?
Stefan	Eine Tasse Kaffe, bitte.
Ober	Und Sie?
Alfred	Eine Bratwurst und eine Flasche Bier.

Der Ober bringt das Essen.

Ober	Guten Appetit!

Alle	Danke!

Sie essen jetzt.

Alfred	Die Wurst ist lecker.
	Wie schmeckt dir das Essen?
Stefan	Sehr gut!
Alfred	Ich nehme noch ein Eis.
	Und du, Stefan?
Stefan	Nein, danke. Ich habe genug.

Alfred bestellt noch ein Eis und der Ober bringt es.

Ober	Wer bekommt das Eis?
Alfred	Ich!

Nach dem Essen bezahlt Alfred.

Alfred	Herr Ober, bitte zahlen!
Ober	Zusammen oder getrennt?
Alfred	Zusammen bitte!
Ober	Das macht alles zusammen 38,50 Euro.
Alfred	40 Euro, bitte!
Ober	Danke schön, und 1,50 Euro zurück.
Alfred	Nein, das ist für Sie.

새로운 단어 및 표현

die Straße 거리
essen 먹다, 식사하다
das Essen 식사
das Schnitzel 얇게 선 송아지 고기(돼지고기), 커틀릿
der Salat 샐러드
der Hunger 배고픔, 먹고 싶은 욕망
das Mittagessen 점심식사
einladen 초대하다
toll 좋은, 훌륭한, 믿을 수 없는
trinken 마시다
die Bratwurst 구이용 소시지, 구운 소시지
die Flasche 병
das Bier 맥주
bringen 가져가다
der Appetit 식욕
Guten Appetit! 맛있게 드십시오!
lecker 맛있는
schmecken 맛이 나다, 맛보다
das Eis 아이스크림
bestellen 주문하다
der Ober 웨이터, 급사
bekommen 무엇을 받다, 얻다
(be)zahlen 지불하다
getrennt <trennen '나누다, 분리시키다'의 과거분사> 각자, 각각
zurück 뒤로, 되돌아, 먼저대로
für (누구 또는 무엇을) 위해서 (4격 전치사)

해석

앞의 대화에서 중요한 부분을 채워봅시다.

넌 어떤 음식을 좋아하니?

알프레드와 슈테판이 거리에 서 있다.

Alfred	슈테판, 너는 어떤 음식을 좋아하니?
Stefan	______________________. 너는?
Alfred	나는 피자를 좋아해.
Stefan	알프레드, 나 지금 배가 몹시 고파.
Alfred	나도 그래. 우리 점심 먹으러 갈까? ______________!
Stefan	______________!

그들은 이제 레스토랑에 있다

Ober	______________________?
Stefan	슈니첼과 샐러드를 먹겠어요.
Ober	그리고 무엇을 마시겠습니까?
Stefan	커피 한 잔 주세요.
Ober	당신은?
Alfred	구운 소시지와 맥주 한 병.

웨이터가 식사를 가져온다.

Ober	______________!

Alle 고맙습니다.

그들은 이제 식사를 한다.

Alfred 이 소시지는 맛이 좋군.

_______________________?

Stefan 매우 좋아!

Alfred 난 아이스크림을 더 먹을래.

슈테판, 너는 어떻게 할래?

Stefan 고맙지만 사양할래. ____________________.

알프레드가 아이스크림을 더 주문하자 웨이터가 아이스크림을 가져온다.

Ober 누가 아이스크림을 시키셨습니까?

Alfred 저요!

식사 후 알프레드가 계산을 한다.

Alfred 웨이터, 계산해 주세요.

Ober 함께 계산합니까 혹은 각자 계산합니까?

Alfred ____________________.

Ober 모두해서 38.50유로입니다.

Alfred 여기 40유로 있습니다.

Ober 고맙습니다. 여기 1.50유로를 거슬러 드리겠습니다.

Alfred 아니, 됐습니다. 나머지는 당신 몫입니다.

Lernen

좋아하는 음식

A: Was isst du gern?
B: Ich esse gern Käsebrot.

A: Was essen Sie gern?
B: Ich esse gern Hamburger.

A: Was isst du gern zum Abendessen?
B: Zum Abendessen esse ich Brot mit Butter.

A: Was isst du gern zum Frühstück?
B: Morgens habe ich keine Zeit, ich esse nichts.

A: Isst du gern Kuchen?
B: Ja, sehr gern.

A: Essen Sie gern Apfel?
B: Nein, nicht so gern. Ich esse gern Orange.

A: Was trinkst du gern?
B: Ich trinke gern Kaffee.

A: Was trinken Sie gern?
B: Ich trinke gern Tee.

A: Trinkst du gern Limonade?
B: Ja, sehr gern.

A: Trinken Sie gern Bier?
B: Nein, nicht so gern. Ich trinke gern Wein.

A : Was trinken Sie lieber,	Kaffee oder Tee? Wasser oder Saft? Bier oder Wein? Schnaps oder Whisky? Milch oder Cola?

음식 주문

A: Was möchten Sie?
B: Ich nehme einen Salat.

A: Was bekommen Sie?
B: Einen Hamburger und eine Cola.

A: Was möchten Sie trinken?
B: Ich möchte ein Tasse Kaffee.

A: Und was trinken Sie?
B: Ich möchte ein Glas Apfelsaft.

음식의 맛

A: Wie schmeckt die Suppe?
B:
- Sie schmeckt gut.
- Sie schmeckt nicht gut.

A: Wie schmeckt der Kuchen?
B: Er ist sehr lecker.

계산하기

• Herr Ober, • Fräulein, • Hier bitte,	bitte zahlen! wir möchten zahlen. ich möchte zahlen. die Rechnung, bitte!

◀ 계산하고자 할 때

▶ 계산 방식을 물을 때

• Zusammen oder getrennt?

• Zusammen bitte!
• Getrennt bitte!

◀ 계산 방식을 답할 때

• Das macht alles zusammen 17,50 Euro.

• Der Rest für Sie.
• Stimmt so!
• Das ist für Sie!
• (Machen Sie) 18 Euro, bitte!

◀ 팁(Trinkgeld)을 줄 때

Mahlzeit

- *das* Frühstück 아침식사
- *das* Mittagessen 점심식사
- *das* Abendessen 저녁식사
- *die* Speisekarte 식단표(메뉴)
- *die* Vorspeise 전채요리
- *das* Hauptgericht 주 요리
- *die* Nachspeise = *der* Nachtisch = *das* Dessert 후식(디저트)
- *das* Restaurant 레스토랑
- *der* Imbiss 스낵코너
- *die* Gaststätte / *das* Gasthaus (식당과 여관을 겸하는 전통적인) 식당
- *der* Biergarten 비어가든
- *die* Bierhalle 비어홀
- *die* Kneipe 주점
- *die* Mensa 대학의 학생식당
- *die* Cafeteria 카페테리아
- *das* Trinkgeld 팁

Essen

- *die* Suppe 수프
- *der* Salat 샐러드
- *das* Brot 빵
- *das* Brötchen 작은 빵
- *der* Reis 밥
- *die* Wurst 소시지
- *die* Salami 살라미(소시지)
- *der* Käse 치즈
- *der* Kuchen 케이크
- *die* Pizza 피자
- *die* Kartoffel 감자
- *das* Fleisch 육고기
- *der* Fisch 생선
- *die* Nudel 면류
- *der* Hamburger 햄버거

Getränke

- *das* Bier 맥주
- *der* Wein 와인
- *das* Sekt 발포성 와인
- *der* Champagner 샴페인
- *der* Schnaps 화주(증류주)
- *der* Likör 리큐어(혼합주)
- *der* Kaffee 커피
- *der* Tee 차
- *das* Milch 우유
- *das* Mineralwasser 미네랄워터
- *der* Saft 주스
- *die* Cola 콜라

● 수량 단위의 표현

- eine Tasse Kaffee 커피 한 잔 (= einen Kaffee)
- eine Tasse Tee 차 한 잔 (= einen Tee)
- ein Glas Bier 맥주 한 잔 (= ein Bier)
- eine Flasche Bier 맥주 한 병
- eine Flasche Wein 와인 한 병
- ein Glas Milch 우유 한 잔
- ein Glas Wasser 물 한 잔
- eine Dose Cola 콜라 한 깡통
- ein Stück Kuchen 케이크 한 조각
- ein Stück Brot 빵 한 조각

종합 연습
Alle zusammen

● 다음 대화에 적당한 말을 보기에서 골라 쓰시오.

1. A: Was möchten Sie?

   B: ______________________________.

2. A: ______________________________?

   B: Hier bitte.

3. A: Was trinken Sie?

   B: ______________________________.

4. A: ______________________________?

   B: Sehr lecker.

5. A: ______________________________?

   B: Nein, danke. Ich bin satt.

보기

- Eine Tasse Kaffee, bitte.
- Was schmeckt der Kuchen?
- Noch etwas mehr?
- Ich nehme ein Stück Kuchen.
- Wer bekommt das Bier?

● 알맞은 낱말을 고르시오.

Ich möchte gern :

1. ein Glas
- ☐ Wasser
- ☐ Zucker
- ☐ Salat

2. ein Glas
- ☐ Käse
- ☐ Reis
- ☐ Bier

3. eine Flasche
- ☐ Kartoffeln
- ☐ Wein
- ☐ Eier

4. eine Flasche
- ☐ Brot
- ☐ Fisch
- ☐ Saft

5. eine Tasse
- ☐ Tee
- ☐ Apfel
- ☐ Nudeln

6. eine Tasse
- ☐ Fleisch
- ☐ Kaffee
- ☐ Brötchen

7. eine Dose
- ☐ Salat
- ☐ Pizza
- ☐ Coca Cola

8. ein Stück
- ☐ Kuchen
- ☐ Wasser
- ☐ Milch

9. ein Kilo
- ☐ Limonade
- ☐ Saft
- ☐ Kirschen

10. ein Liter
- ☐ Spinat
- ☐ Wasser
- ☐ Kartoffeln

● 아래 예들을 이용하여 보기와 같이 대화를 완성하시오.

▶ **Andreas** - Bratwurst / Bier	▶ **Lisa** - Spaghetti / Apfelsaft

▶ **Lars** - Pommes frites / Cola	▶ **Anna** - Pizza / Wein
▶ **Leon** - Fisch / Kaffee	

1. Andreas, was isst du gern?

   ________________________________.

   Und was trinkst du gern?

   ________________________________.

2. Lisa, ____________________________?

   Ich esse gern Spaghetti.

   ____________________________?

   Ich trinke gern Apfelsaft.

3. Anna, ____________________________?

   ________________________________.

   ________________________________?

   ________________________________.

4. Lars, ____________________________?

   ________________________________.

   ________________________________?

   ________________________________.

5. Leon, ______________________________?

______________________________.

______________________________?

______________________________.

● 다음 글을 소리내어 읽고 해석하시오. 그리고 다음 빈칸에 알맞은 낱말을 써 넣으시오.

Wo kann man essen?

Am Imbissstand kann man schnell und billig essen. Aber man isst hier im Stehen.
In der Cafeteria kann man zum Beispiel Kaffee trinken und schnell etwas essen.
Im Restaurant kann man gemütlich essen. Aber das Essen ist ein bisschen teuer.

1. Am Imbissstand kann man __________ und __________ essen.
2. Am Imbissstand kann man isst hier ____________.
3. In der Cafeteria kann man Kaffee __________ und schnell etwas __________.
4. Im Restaurant kann man ____________ essen.
5. Im Restaurant ist das Essen ein bisschen __________.

● 그림을 보고 다음 대화를 완성하시오.

1. 

A: Trinken Sie gern Wein?

B: Nein, nicht so gern. Ich trinke gern Bier.

2. 

A: Trinkst du gern Tee?

B: ______________________________.

3. 

A: Essen Sie gern Kuchen?

B: ______________________________.

4. 

A: Isst du Sie gern Reis?

B: ______________________________.

5. 

A: Was möchten Sie?

B: ______________________________.

6. 

A: Was möchten Sie?

B: ______________________________.

7. 

A: ______________________________?

B: ____.

8. 

A: Und was trinken Sie?

B: ____.

9. 

A: ___________________________?

B: ____.

Grammatik

● 형용사의 비교 변화

1. 규칙 변화

- 대부분의 형용사는 비교급은 원급 + er, 최상급은 원급 + st의 꼴이다.

원급	비교급 (-er)	최상급 (-st)
billig (값싼)	billig**er**	billig**st**
klein (작은)	klein**er**	klein**st**
schnell (빠른)	schnell**er**	schnell**st**
schön (예쁜)	schön**er**	schön**st**
frisch (신선한)	frisch**er**	frisch**est**
alt (늙은, 낡은)	**älter**	**ältest**

▷ -d, -t 및 치음으로 끝나는 형용사의 최상급 어미는 -est이다.
▷ 단음절 형용사의 간모음이 a, o, u이면 변모음한다(au는 제외).

2. 불규칙 변화

원급	비교급	최상급
groß (큰)	größer	größt
gut (좋은)	besser	best
hoch (높은)	höher	höchst
viel (많은)	mehr	meist
nah(e) (가까운)	näher	nächst

비교형의 용법

1. 부가어적 용법

- 명사를 수식하며 형용사 어미 변화에 따른다.

  Du hast einen schöner**en** Hut als ich.

  Hans ist ein fleißiger**er** Student als Peter.

- 최상급은 정관사(류) 또는 소유형용사와 함께 쓰인다.

  Ist das das billigste Buch?

  Das ist mein ältester Sohn.

2. 술어적 용법

- **so(ebenso)** + 원급 + **wie** '~만큼 ~하다' (원급 비교)

  Mein Sohn ist **so** groß **wie** ich.

- 비교급 + **als**~ '~보다 더 ~하다'

  Ein Flugzeug ist schnell**er als** ein Auto.

- **immer** + 비교급 = 비교급 **und** 비교급 '점점 더 ~하다'

  Julia wird immer schöner. = Julia schöner und schöner.

- **je** + 비교급 + **S** … **V**(동사 후치), **desto** + 비교급 + **V** + **S** … (도치)

  '~하면 할수록 더욱더 ~하다'

  Je mehr man liest, desto mehr weiß man.

최상급의 용법

1.

정관사 + -ste +	von (unter) + 복수 3격 aller + 복수 2격 in + 장소명사	'~중에서 가장 ~하다'

Der Winter ist die kälteste (Jahreszeit) von allen Jahreszeiten.

Lars ist der größte in der Klasse.

2.

> **am -sten :**
> - 원급, 비교급, 최상급의 형태로 놓일 때
> - 하나가 갖고 있는 성질을 여러 조건 하에서 비교하여 최고일 때

Wein ist **billig**, Bier ist **billiger**, und Wasser ist **am billigsten**.
Dieser Fluss ist in der Mitte **am tiefsten**.

문법연습

A. 다음 빈칸에 알맞은 말을 넣으시오.

1. Mein Vater ist so alt ______ der Lehrer.
2. Hans ist größer ______ Karl.
3. Im Sommer ist das Wetter ______ wärmsten.
4. Von allen Stuenten ist Leon ______ fleißigste.
5. Die Studenten sind vor dem Examen ______ fleißigsten.

B. (　　) 속의 낱말을 이용하여 다음 빈칸에 알맞은 말을 넣으시오.

1. Im Winter ist das Wetter ______ als im Herbst. (kalt)
2. Heute ist ein ______ Tag als gestern. (schön)
3. Goethe ist einer der ______ deutschen Dichter. (groß)
4. Der Tiger ist ______ von allen Tieren. (tapfer)
5. Dieser Fluss ist ______ ________ von allen Flüssen. (tief)

Landeskunde

독일의 음식 문화

사실 독일에는 음식이나 요리와 관련하여 내세울만한 것이 별로 없다. 음료 분야의 맥주와 포도주를 제외하면 기껏해야 빵과 감자, 소시지를 떠올릴 수 있을 뿐이다.

독일 사람들은 지역적으로 약 350종에 빵과 1,500가지에 이르는 소시지와 햄, 1인당 연간 소비량이 각각 71kg와 103kg에 달하는 감자와 돼지고기를 주식으로 한다. 물론 다양한 요리가 있긴 하나 대부분은 다른 유럽 국가들로부터 배운 것들이고, 지역마다 다르다해도 알고 보면 결국 돼지고기와 감자를 이용해 다르게 요리한 정도이다.

■ 식생활과 식사예절

일반적으로 독일의 식당에서 나오는 음식의 특징은 무엇보다도 양이 많다는 것인데, 우리나라 보통 성인들이 다 먹기에는 조금 벅찰 정도이다. 그리고 참고로 부언하자면, 독일을 비롯한 대부분의 유럽 국가들에서는 식당이나 카페 등에서 물을 무료로 제공하지 않는다. 물을 주문했을 경우 음료수 값을 계산하는 것과 마찬가지로 물 값을 따로 계산해야 한다. 물도 일반적으로 탄산수이므로 우리 입맛에 잘 맞지 않으며, 탄산이 아닌 물도 그다지 맛이 좋지 않다.

그리고 독일을 여행하다 보면 역이나 길거리에서 자주 눈에 띄는 것으로 임비쓰(Imbiß)라 부르는 간이식당이 있다. 여기서는 그 지방 특유의 소시지를 비롯하여 간편한 식사나 음료를 팔고 있는데, 경제적이며 또 길거리에서 서서 먹는 재미도 있다.

독일 사람들은 아침식사는 대개 무가당 빵에 버터, 마가린을 바르고, 그 위에 꿀, 과일 잼을 바르거나 혹은 햄이나 슬라이스 치즈를 올려서 먹는다. 여기에 커피, 우유, 주스 등을 곁들여 먹는다. 특히 삶은 계란이 아침식단에 빠지는 경우가 별로 없다. 삶은 계란을 먹는 방식이 독특한데, 계란형 용기에 계란을 세워 놓고 티스푼으로 계란의 위를 쳐서 분리시킨 뒤에 소금을 뿌려가면서 티스푼으로 파먹는다.

독일 사람들은 점심식사를 푸짐하게 한다. 불에 조리한 음식을 먹기 때문에 이를 '바르메스 에쎈'(warmes Essen), 즉 '따뜻한 음식'이라 한다. 육류로 된 주 요리에 감자, 쌀, 국수 그리고 야채 샐러드 등으로 식사가 이루어진다.

저녁식사는 각종 잡곡을 넣은 빵을 먹는데, 밀로 만든 하얀 빵은 영양가가 적다고 여기기 때문이다. 이 빵에 소시지, 햄, 치즈 등을 곁들여 먹기 때문에 '칼테스 에쎈'(kaltes Essen), 즉 '찬 음식'이라 한다. 사실 독일에는 우리나라의 찌개나 국과 같이 뜨거운 요리는 없다.

독일의 먹거리

독일에서는 식사할 때 소리를 내지 않고 음식을 먹는 것이 예의이다. 입을 다물고 조용조용하게 음식을 먹는다. 물론 우리나라에서도 음식을 씹을 때 '쩝쩝' 소리를 내면 실례가 되지만 독일은 이보다 훨씬 엄격하다. 특히 뜨거운 차나 커피 등을 마실 때 '후루룩 후루룩' 소리를 내는 것은 이곳에서는 결례이다. 그리고 입안에 음식을 넣은 채 말을 해도 예의 없는 사람 취급당한다.

식사 후에 트림을 하는 것도 금기이다. 반면에 우리와는 달리 식사 중이든 식사 후든 코를 푸는 것은 아주 당연하게 받아들여진다.

고기를 먹을 때 우리는 흔히 사전에 모두 토막을 내서 먹기도 하는데, 독일인들은 그때그때 잘라서 먹는다.

식사 중에 우리는 식탁에 팔을 괴지 않지만 이들은 양팔 모두 올려 놓는 것이 예의이다.

■ 독일의 빵

독일 빵의 경계를 엄격하게 분리하기란 쉽지 않다. 많은 유럽의 국가들에서 그렇듯 독일의 빵도 다른 나라와 교류를 통해 변형·발전해 왔기 때문이다.

독일에는 현재 지역적으로 350여 개에 이르는 빵 종류가 있는데, 그 가운데 가장 대표적인 것이 호밀 빵이다. 독일 빵은 하드류에 속하는 경소류가 대부분이며, 그 모양은 프랑스의 바게트보다 짧고 통통한 막대 모양과 원형 또는 타원형이다. 때로 로프형이나 하드롤처럼 소형으로 만들기도 한다. 독일 빵의 또 다른 특징으로는 대부분 무겁고 영양분이 고르게 들어있다는 점이다.

독일의 빵집은 브레첼 빵 모양이 그려진 간판을 내걸고 있다. 독일의 빵집들은 매일 아침 일찍 신선한 빵을 구어 낸다. 여기에서 주로 판매되는 것은 브레첼, 호밀 빵류, 밀가루를 이용한 빵류, 도넛 등이다.

다음에서는 독일에서 가장 일반적인 빵 몇 가지를 소개하고자 한다.

· 로겐브로트(Roggenbrot): 독일어로 '로겐'은 호밀이고, '브로트'는 빵을 뜻하니 로겐브로트는 말 그대로 호밀 빵을 일컫는다. 호밀가루 함량이 분말가루 함량의 90% 이상 들어있다. 유산에 의해 신맛이 강하며 어두운 색을 띠고 수분 보유량이 높아 보존 기간이 길다.

· 브레첼(Brezel): 모양이 독특한 빵으로 소금을 위에 뿌렸다. 브레첼은 아침대용으로 두툼한 부분을 잘라 버터나 치즈를 바른 후 커피와 함께 먹으며, 저녁에는 맥주 안주로도 인기가 있다. 그러나 간혹 커다란 소금 덩어리 때문에 먹다가 고생하기도 한다. 부활절에는 설탕과 건포도를 넣고 반죽한 후 소금대신 우박 설탕을 뿌린 빵을 만들어 먹기도 한다.

· 폴크론브로트(Vollkronbrot): 밀, 호밀을 거칠게 빻아 분말과 부서진 곡물 덩어리가 함께 들어있는 빵으로 전립분 빵이라 불린다. 신맛이 강하며 굉장히 어둡고 무겁다. 구워진 빵 모습이 흡사 우리의 메주덩어리와 같다. 보존기간이 긴 것이 특징이다. 구운 당일보다는 다음날 판매하는 것이 일반적인데, 하루 사이 곡물이 연화되어 식감이 좋아지기 때문이다.

로겐브로트

브레첼

폴크론브로트

카이저롤

· 폴코른브로트(Vollkornbrot): 밀, 호밀을 거칠게 빻아 분말과 부서진 곡물 덩어리가 함께 들어있는 빵으로 전립분 빵이라 불린다. 신맛이 강하며 굉장히 어둡고 무겁다. 구워진 빵 모습이 흡사 우리의 메주덩어리와 같다. 보존기간이 긴 것이 특징이다. 구운 당일보다는 다음날 판매하는 것이 일반적인데, 하루 사이 곡물이 연화되어 식감이 좋아지기 때문이다.

· 카이저롤(Kaiserroll): 독일의 대표적인 밀가루 빵으로 프랑스의 하드롤과 유사하나 모양만 다르다.

그밖에도 밀가루 95%에 호밀가루 5%를 넣은 밀 · 호밀 빵으로 타원형 롤빵에 갈라진 모양을 하고 있는 슈니트브뢰티헨(Schnittbrötchen)과 아메리칸 도넛의 효시인 베를리너 도넛(Berliner Donut) 등이 유명하다.

■ 소시지와 햄

독일의 소시지와 햄은 그 종류가 다양하며 맛 또한 좋기로 정평이 나 있다. 자연적인 맛을 살리기 위해 화학조미료나 착색제 등은 일체 넣지 않으며, 끈기를 내기 위해 다른 고기를 섞지 않는다. 독일어로 소시지는 '부르스트'(Wurst)라 하고, 햄은 '쉥켄'(Schinken)이라 하는데, 가장 많이 이용되는 재료는 돼지고기이다. 물론 쇠고기로 만드는 린트부르스트(Rindwurst)도 있고, 염소고기로 만든 소시지도 있다.

독일 사람들이 가장 즐겨 먹는 소시지 종류로는 두꺼운 모양을 한 복부르스트(Bockwurst)와 케첩과 카레를 발라먹는 커리부르스트(Currywurst)가 대표적이다. 그밖에 주로 돼지고기로 만들어 익히지 않고 먹는 메트부르스트(Mettwurst), 주로 빵에 넣어 먹는 훈제된 건조 소시지 '살라미'(Salami) 등 그 종류와 가지 수가 아주 다양하다.

독일에는 지역마다 그 지방이나 도시의 이름을 딴 독특한 소시지들을 자랑하는데, 예컨대 튀링어 부르스트, 뉘른베르거 부르스트, 프랑크푸르터 부르스트 등과 같다.

일반적으로 많이 먹는 햄으로는 게코흐터 쉥켄(Gekochter Schinken)이 있는데 크고 맛이 있다. 슈바르츠벨더 쉥켄(Schwarzwälder Schinken)은 슈바르츠발트 삼림지대의 특산물로 생고기를 그대로 훈제한 것인데 약간 신맛이 나서 맥주 안주로 적합하다.

▲ 독일의 소시지

독일의 치즈 ▼

Komm!
Komm
Komm
Komm
bitte!

LEKTION 9

Wo ist das Rathaus?

Lufthansa

TAXI

Fußgänger
Fußgänger

Dialog

Wo ist das Rathaus?

Namil	Entschuldigen Sie bitte! Wo ist das Rathaus?
Passant 1	Tut mir Leid, ich bin auch fremd hier.
Namil	Ach, so.

Namil	Entschuldigung! Wie komme ich zum Rathaus?
Passant 2	Das ist nicht weit. Sie können zu Fuß gehen. Gehen Sie hier geradeaus, und nehmen Sie die zweite Straße rechts, dann die erste Straße links! Da sehen Sie schon das Rathaus.
Namil	Wie lange dauert es zum Rathaus?
Passant 2	Zu Fuß brauchen Sie zehn Minuten.
Namil	Vielen Dank!
Passant 2	Bitte schön!
Namil	Weißt du jetzt, wo das Rathaus liegt?
Alberto	Nein, ich habe keine Ahnung. Er spricht zu viel und zu schnell.
Namil	Was? Ich habe auch keine Ahnung. Da kommt ein Mann. Fragen wir ihn noch einmal!

Namil	Entschuldigen Sie bitte! Können Sie mir helfen?
Passant 3	Ja, bitte?
Namil	Wie komme ich zum Rathaus?
Passant 3	Kommen Sie mit! Ich bin auch auf dem Weg zum Rathaus.

Namil Das ist nett von Ihnen. Danke!

Passant 4 Bitte!

새로운 단어 및 표현

das Rathaus 시청

der Passant 통행인

Tut mir leid~ 미안하지만

fremd 1. 딴 곳의, 타향의, 외국의 2. 생소한, 낯선

nicht weit 멀지 않은

der Fuß 발

zu Fuß gehen 걸어서 가다

geradeaus 똑바로

rechts 오른쪽

links 왼쪽

schon 1. 미리 2. 이미, 벌써

wissen 알다

liegen 놓여 있다

Ahnung 1. 예감, 예상 2. 추측, 의구심

keine Ahnung 전혀 모른다, 결코 그렇지 않다, 천만에

schnell 빠른

noch einmal 다시 한번

der Weg 작은 길

auf dem Weg 가는 도중에

해석

앞의 대화에서 중요한 부분을 채워봅시다.

시청은 어디에 있습니까?

Namil	실례합니다. 시청은 어디에 있습니까?
Passant 1	________________________________.
Namil	아, 그렇군요.
Namil	실례합니다. ___________________________?
Passant 2	______________________. 걸어서 갈 수 있습니다. 여기에서 똑바로 가셔서, 두 번째 거리에서 오른쪽으로, 그 다음 첫 번째 거리에서 왼쪽으로 가십시오. 그러면 시청이 보일 겁니다.
Namil	___________________________?
Passant 2	걸어가면 10분 걸립니다.
Namil	고맙습니다.
Passant 2	천만에요.
Namil	이제 시청이 어디에 있는지 알겠지?
Alberto	___________________________. 그는 말이 너무 많고 너무 빨라.
Namil	뭐라고? 나도 잘 모르는데. 저기 한 남자가 온다. 저 남자에게 다시 한번 물어보자.
Namil	실례합니다. ______________________?
Passant 3	예, 무엇이죠?
Namil	시청에 어떻게 가죠?
Passant 3	함께 가시죠. 나도 시청에 가는 길입니다.

Namil	____________________. 고맙습니다.
Passant 4	천만예요.

Lernen

● 방향 지시

nach links

geradeaus

nach rechts

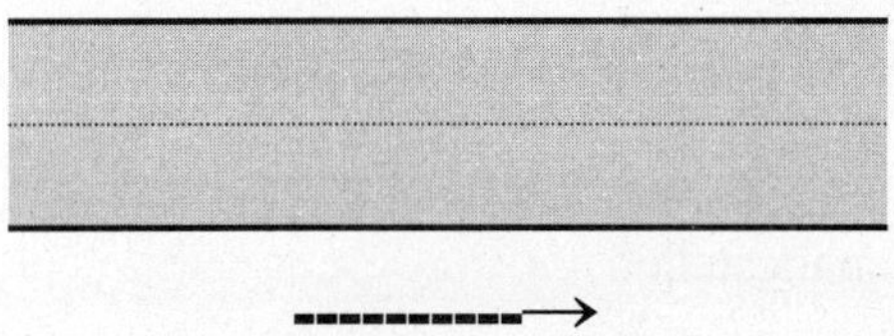

die Straße entlang

die	erste	Straße
	zweite	
	dritte	
	vierte	
	…	

● 길 묻기

A: Entschuldigung, wie komme ich zum Hauptbahnhof?
B: Gehen Sie geradeaus und dann nach links.

A: Entschuldigen Sie, wie komme ich zur Post?
B: Zur Post? Gehen Sie rechts und dann geradeaus.

A: Bitte, wie komme ich zum Rathaus?
B: Geh immer geradeaus bis zum Marktplatz.
Dann die erste Straße links. Da ist das Rathaus.

A: Entschuldigung, wie komme ich zur Uni.?
B: Gehen Sie hier diese Straße entlang, immer geradeaus,
dann die zweite rechts!

A: Entschuldigen Sie bitte, wo ist die Bank?
B: Gehen Sie nach rechts. Da ist die Bank.

A: Bitte, wo ist die nächste Bushaltestelle?
B: Da drüben.

A: Entschuldigung, wo ist die Toilette?
B: Geradeaus und dann rechts!

A: Entschuldigung, wo ist das Schwimmbad?
B: • Tut mir Leid, ich bin auch fremd hier.
• Tut mir Leid, das weiß ich nicht.

■ 주요 건물

der Hauptbahnhof 중앙역
die Schule 학교
die Post 우체국
das Kaufhaus 백화점

das Kino 영화관	*das* Theater 극장
das Hotel 극장	*der* Markt 시장
der Hafen 항구	*der* Flughafen 공항
die Kirche 교회	*die* Universität (= Uni.) 대학교
die Bibliothek 도서관	*das* Büro 사무실
das Krankenhaus 병원	*die* Toilette 화장실
das Geschäft 가게	*die* Frima 회사

A: Entschuldigung, wie komme ich zur Bibliothek?
B: Es ist weit. Nehmen Sie ***den Bus*** !

A: Bitte, wie komme ich zur Flughafen.
B: Am besten (fahren Sie) ***mit der U-Bahn,*** Linie 3.

■ 교통수단

das Auto 자동차	*das* Taxi 택시
der Bus 버스	*das* Fahrrad 자전거
das Schiff 배	*der* Zug 기차
die U-Bahn 지하철	*die* S-Bahn 도시고속전차
die Straßenbahn 시가 전차	*das* Flugzeug 비행기

• Wo kann ich	einen Bus	nehmen?
	ein Taxi	
	die U-Bahn	
	die Straßenbahn	

● 소요 시간 묻기

Fragen:

- Wie lange dauert es?
- Wie lange dauert es zum Rathaus?
- Wie weit ist es zum Rathaus?

Antworten:

- 20 Minuten.
- Zu Fuß brauchen Sie 10 Minuten.
- Ungefähr 30 Minuten mit dem Bus.
- Es ist nicht mehr weit von hier. Etwa 5 Minuten zu Fuß.

종합 연습
Alle zusammen

● <보기>와 같이 대화를 완성하시오.

<보기> das Rathaus / der Hauptbahnhof / nach rechts

⇒ **A:** *Entschuldigung, wie komme ich* ***zum Rathaus****?*

B: *Sehen Sie* ***den Hauptbahnhof****? Dort gehen Sie* ***nach rechts.***

Dann kommen Sie ***zum Rathaus.***

1. die Bibliothek / das Kaufhaus / nach links

⇒ **A:** *Entschuldigung,* ______________________________?

B: ____.

____.

2. das Krankenhaus / die Post / nach links

⇒ **A:** *Entschuldigung,* ______________________________?

B: ____.

____.

3. der Marktplatz / das Kino / immer geradeaus

⇒ **A:** *Entschuldigung,* ______________________________?

B: ____.

____.

● <보기>와 같이 대화를 완성하시오.

<보기> das Rathaus / der Marktplatz

⇒ **A:** *Entschuldigen Sie, wo ist* ***das Rathaus****?*

B: *Gehen Sie* ***zum Marktplatz****. Da sehen Sie schon* ***das Rathaus****.*

1. die Post / der Hauptbahnhof

⇒ **A:** *Entschuldigen Sie,* ______________________________?

B: ____.

2. die Kirche / die Bibliothek

⇒ **A:** *Entschuldigen Sie,* ______________________________?

B: ____.

3. der Theater / die Universität

⇒ **A:** *Entschuldigen Sie,* ______________________________?

B: ____.

● <보기>와 같이 대화를 완성하시오.

<보기> das Stadtmuseum / der Bus, Linie 3

⇒ **A:** *Entschuldigung, wie komme ich zum Stadtmuseum?*

B: *Am besten mit dem Bus, Linie 3.*

1. der Hauptbahnhof / die U-Bahn, Linie 2

⇒ **A:** *Entschuldigung,* ______________________________?

B: ____.

2. die Post / das Taxi

⇒ **A:** ____?

B: ______________________________________.

● 빈칸에 적당한 낱말을 쓰시오.

1. ________ komme ich zum Zoo?
2. Am besten ________ der U-Bahn, Linie 3.
3. ________ ist die Bank?
4. Gehen Sie hier ___________ (똑바로) und dann rechts!
5. ________ ________ dauert es zum Rathaus? 20 Minuten.
6. Wie komme ich ________ Post?
7. Tut mir Leid, ich bin auch ________ hier.

● 그림을 보고 아래 ◆ 위치에서 길을 안내하시오.

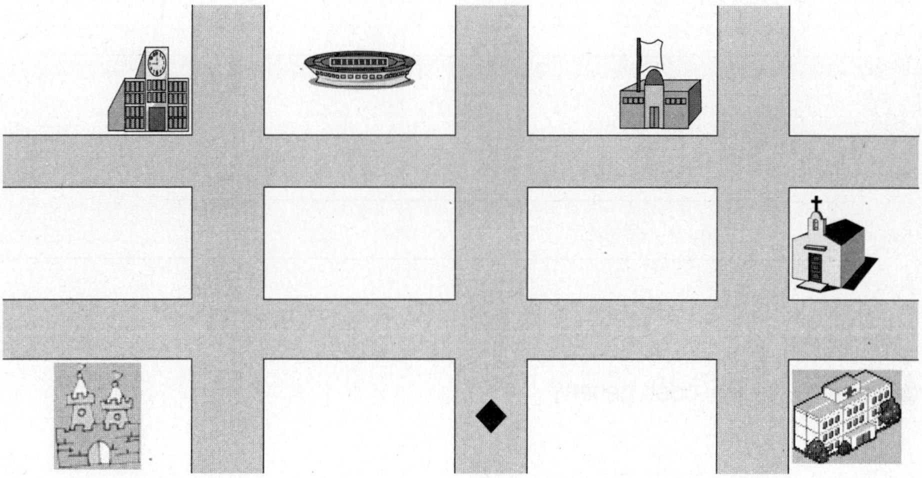

1. ***das Rathaus***

Entschuldigen Sie bitte, wie komme ich zum Rathaus?

Zum Rathaus? Gehen Sie geradeaus, und dann ________________.

2. ***die Schule***

Entschuldigen Sie bitte, ______________________________?

Zur Schule? ____.

3. ***das Schloss***

____?

____.

4. ***die Kirche***

____?

____.

5. ***das Krankenhaus***

____?

____.

6. ***das Stadion***

____?

____.

● Fahren, fliegen oder gehen?

1. Ich ______________ mit dem Auto.
2. Du ______________ mit dem Fahrrad.
3. Wir ______________ mit dem Flugzeug.
4. Ich ______________ zu Fuß!
5. Ihr ______________ mit dem Schiff.

Grammatik

● **3격 지배 전치사**

aus, von, nach, zu, bei, mit, seit …

- aus 출신, 출처, 재료, 이유 등을 나타낸다.

  Ich komme ***aus*** *Korea.* (출신)

  Leon geht ***aus*** *dem Haus.* (집 밖으로)

  aus *Gold* (금으로 된)

  aus *Ärger* (화가 나서)

- von 운동이나 시간의 출발점, 소유격(2격 대용) 등을 나타낸다.

  Der Zug fährt ***von*** *Seoul* nach Pusan. (서울에서 출발)

  Von *9 Uhr* bis 12 Uhr haben wir Unterricht. (9시부터)

  Das ist Musik ***von*** *Mozart.* (모차르트의 음악)

☞ 일반적으로 von은 출발지를, aus는 출신지를 나타낸다.

- nach 지명과 함께 방향을, 시간적으로 '~후에' 등을 나타낸다.

  Mein Freund fliegt ***nach*** *Deutschland.* (독일로)

  Nach *dem Essen* trinke ich eine Tasse Kaffee. (식사 후에)

- zu 운동의 방향, 수단이나 방법, 시간, 목적 등 다양한 의미를 나타낸다.

  Er fährt ***zu*** *seinen Eltern* nach Bremen. (사람)

  Ich gehe ***zum*** *Bahnhof.* (건물)

☞ 운동의 방향이 지명일 경우 nach가, 사람이나 건물일 경우 von이 사용된다. 그러나 Er geht nach Haus와 Er ist zu Hause는 예외이다.

Wir gehen immer ***zu*** *Fuß* zur Universität. (걸어서)

Zur *Zeit* ist er in Deutschland. (현재는)

Er geht ***zum*** *Essen*. (식사하러)

• bei 장소(~옆에, ~집에), 시간(~할 때) 등에 다양하게 쓰인다.

Mannheim liegt ***bei*** *Heidelberg*. (하이델베르크 옆에)

Er wohnt ***bei*** *seinem Onkel*. (bei + 사람 = ~집에서)

Beim *schönem Wetter* gehen wir spazieren. (날씨가 좋을 때)

• mit 도구, 동행, 동참, 교통수단 등을 나타낸다.

Ich spreche ***mit*** *dem Professor*.

Sie schreibt ***mit*** *der Feder*.

Fährst du ***mit*** *dem Bus?*

• seit 과거의 한 시점에서 지금까지(~이래로)를 나타낸다.

Seit *wann* sind Sie hier?

Ich bin hier ***seit*** *einem Jahr*.

☞ seit가 있으면 언제나 현재형을 사용해야 한다.

● 4격 지배 전치사

bis, durch, für, ohne, um, gegen …

• bis '~까지'

Der Zug fährt nur ***bis*** *München*.

Der Unterricht dauert ***bis*** *4 Uhr*.

• durch '~를 통해서, ~로 인해서'

Er geht ***durch*** *den Park* nach Haus. (공원을 지나서)

Ich schicke ihm das Buch ***durch*** *die Post.* (우편으로)

Das Unglück entsteht ***durch*** *den Krieg.* (전쟁으로 인하여)

- für '~위하여'(이익, 목적, 소유)

Ich kaufe ein Fahrrad ***für*** *meinen Sohn.*

Sie kämpfen ***für*** *die Freiheit.* (자유를 위해)

Dieser Brief ist ***für*** *Lars.* (라스에게 온 편지, 라스가 수신자)

- ohne '~없이'. 보통 관사 없이 쓰인다.

Keine Regel ***ohne*** *Ausnahme.* (예외 없는 규칙은 없다.)

Er kommt ***ohne*** *seine Frau.*

- um '~주위에, ~을 돌아서, (~시) 정각에'

Die Erde kreist ***um*** *die Sonne.* (태양 둘레를)

Ich fahre ***um*** *die Stadt.* (그 도시를 돌아서)

Der Unterricht beginnt ***um*** *9 Uhr.* (9시 정각에)

- gegen '~을 향해서, 몇 시경에, ~에 반대하여'

Das Fenster liegt ***gegen*** *Osten.* (동쪽을 향하여)

Das Auto fährt ***gegen*** *einen Baum.* (나무와 충돌)

Er kommt ***gegen*** *3 Uhr.* (3시경)

Er ist ***gegen*** *mich.* (그는 나에게 적대적이다.)

2격 지배 전치사

(an)statt, wegen, trotz, während …

- (an)statt '~대신에'

Statt *meines Vaters* kommt meine Mutter zu mir.

• wegen '~때문에'

Wegen des Wetters kommt er nicht.

• trotz '~에도 불구하고'

Trotz des Schnees fährt Klaus mit dem Auto.

• während '~하는 동안에'

Während der Ferien machen wir eine Reise.

● 전치사 + 관사

· **in dem** Kaufhaus → **im** Kaufhaus
· **in das** Kino → **ins** Kino
· **an dem** Flughafen → **am** Flughafen
· **an das** Kino → **ans** Kino
· **zu dem** Bahnhof → **zum** Bahnhof

● 명령법

• 존칭에 대한 명령 ⇒ '동사 부정형 + Sie'

Gehen Sie hier geradeaus!
Fahren Sie mit dem Taxi!
Seien Sie bitte ruhig!

• du에 대한 명령 ⇒ '동사 어간 + (e)'

- 주어 du는 생략.
- 구어에서는 보통 어미 -e를 생략
- 직설법 현재 2·3인칭에서 어간모음 e가 i나 ie로 변하는 강변화 동사는 명령에서도 똑같이 변한다. 이때 어미 e는 완전히 탈락.

Sag mal, was ist denn los mit dir?

Ruf mich doch mal **an**!

Nimm dieses Buch!

- ihr에 대한 명령 ⇒ '동사 어간 + t'
  - 주어 ihr는 생략.

Sagt! **Nehmt!**

- 명령을 나타내는 다른 형식'
  - 복수 1인칭 명령(~합시다, ~하자) : '부정형 + wir'

Gehen Wir jetzt!

- 부사

Herein! **Hinaus!**

문법연습

A. 다음 빈칸에 알맞은 전치사를 넣으시오.

1. Was kostet eine Fahrkarte ______ Berlin?
2. Die Schule beginnt pünktlich ______ neun Uhr.
3. ______ schlechten Wetters machen wir einen Ausflug.
4. Ich wohne ______ meinem Onkel.
5. Ich bin Koreaner. Ich komme ______ Korea.
6. Lukas geht ______ Fuß zur Universität.
7. ______ der Krankheit ist sie heute abwesend.
8. Der Student arbeitet ______ die Prüfung.
9. Hans geht ______ den Park nach Haus.

10. Fährst du mit dem Zug? Nein, ich fahre nicht ______.

B. 다음 빈칸에 알맞은 어미를 써넣으시오.

1. Hier ist ein Brief für mein_____ Freund.
2. Herr Müller kommt ohne sein_____ Frau.
3. Nach d_____ Vorlesung gehen wir zum Essen.
4. Das Auto fährt gegen ein_____ Baum.
5. Ich fahre mit d_____ Auto.
6. Ich bin schon seit ein_____ Woche hier.
7. Leon geht aus d_____ Haus.
8. Anstatt d_____ Bruders kommt die Schwester.

C. 다음 (　　)안의 동사를 사용하여 du 또는 ihr 명령으로 고치시오.

1. ___________ nicht zu viel! (trinken / du)
2. ___________ nicht zu viel! (trinken / ihr)
3. ___________ den Platz, Hans! (nehmen / du)
4. ___________ die Zeitung. (lesen / du)
5. ___________ ruhig! (sein / du)
6. ___________ ruhig! (sein / ihr)
7. ___________ nicht so schnell! (sprechen / ihr)

Landeskunde

독일의 자동차와 아우토반

자동차 산업은 독일의 가장 중요한 산업이라 할 수 있다. 독일은 미국과 일본에 이어 세계 3위의 자동차 생산국이다. 매출액면에서 본 독일 자동차 회사의 규모는 다임러-벤츠, 폴크스바겐, 베엠베, 오펠의 순이다. 포르쉐는 10위를 기록하고 있다. 독일에서 가장 많이 타는 차는 폴크스바겐, 오펠, 벤츠, 베엠베, 아우디의 순이다.

□ 메르체데스 벤츠 (Mercedes Benz)

벤츠 승용차의 분류는 기본적으로 3등급으로 나뉜다. 소형은 C-클래스, 중형은 E-클래스, 대형은 S-클래스로 분류한다. C-클래스에는 C180, C200, C220 등이, E-클래스에는 E200, E230, E280, E320 등이, S-클래스에는 S280, S320, S420, S500, S600 등과 뉴 S-클래스가 있다. 그리고 최근에는 경승용차 개발에도 주력해 A-클래스와 M-클래스를 생산하고 있다.

벤츠 자동차의 상징물은 세 꼭지 별로 하늘과 바다와 땅을 의미한다. 자동차, 항공기, 선박 등 벤츠의 모든 운송기기에 이 상징물이 부착되어 있다.

본사는 슈투트가르트에 있다.

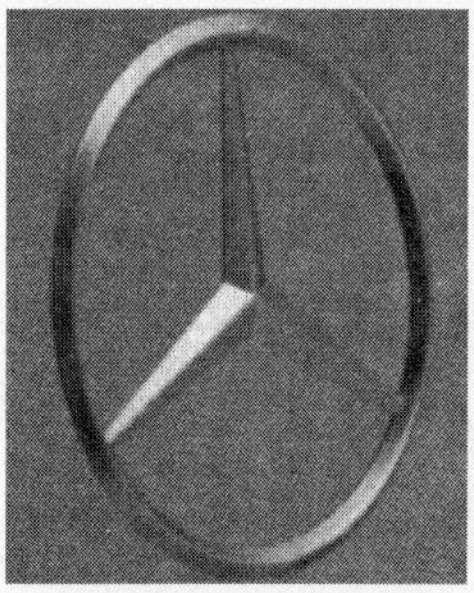

□ 베엠베 (BMW)

BMW는 '바이에른 자동차 공장'을 뜻하는 **B**ayerische **M**otoren **W**erke의 첫 글자들을 딴 이름으로 1917년 뮌헨에서 설립되었다. 베엠베의 세단은 소형의 3시리즈, 중형의 5시리즈 그리고 대형의 7시리즈로 구분된다. 베엠베 850i는 세단과 구별되는 2도어 쿠페 시리즈로 5,000cc의 큰 엔진을 얹은 스포츠 쿠페다.

베엠베의 상징물은 푸른색과 하얀색이 교차하는 프로펠러 모양을 하고 있다. 이는 이 회사가 항공기 엔진 생산업체로 출발했음을 보여준다. 푸른색과 하얀색은 각각 푸른 하늘과 흰눈을 의미하는데, 이것은 바이에른 주의 깃발과도 관련이 있다.

□ 폴크스바겐 (Volkswagen)

독일 사람들이 가장 많이 타는 차가 바로 '국민차'라는 의미를 가진 폴크스바겐 자동차이다. 보통은 줄여서 '파우베'(VW)라 부른다. 본사는 니더작센 주의 볼프스부르크에 있다. 1996년부터는 비틀의 이미지를 살리면서 동시에 최첨단 사양을 장착한 "뉴비틀"이 생산되고 있다. 대표적인 차종으로는 보라, 골프, 루포, 파사트 등이 있다.

□ 아우디 (Audi)

아우디 社는 중급차 이상을 생산하는 자동차 생산 전문회사로 폴크스바겐 사의 계열사이며 본사는 잉골슈타트에 있다. 벤츠, 베엠베와 함께 독일의 3대 명차에 속하는 아우디는 역사와 전통이 다른 명차 만큼 오래된 차다.

아우디 자동차는 최신 기술을 많이 도입한 소형 A4시리즈를 기본으로 해 중형 세단인 A6, 8기통 엔진을 쓴 대형 살롱 A8 등 크게 3등급으로 나뉜다. 물론 이밖에 A3도 있다.

아우디의 상징은 4개의 연결된 원이다. 이것은 아우디로 합병된 4개 회사를 의미한다.

□ 포르쉐 (Porsche)

스포츠카의 대명사 "포르쉐"(Porsche). 그 이름만으로도 카레이서들을 흥분시키기에 충분하다. 본사는 슈투트가르트에 있다. 포르쉐의 상징물은 말이 새겨진 방패인데, 이는 슈투트가르트 시의 문장에서 따온 것이다.

□ 오펠 (Opel)

세계 최대의 자동차 메이커 미국의 제너널 모터스(GM)사의 자회사인 오펠(Opel)社. 우리에게는 대우의 르망이 오펠의 자동차 모델을 빌어 왔다는 것으로 더 잘 알려져 있다. 1929년 미국의 GM사가 유럽시장 공략을 목적으로 오펠의 주식을 인수하면서 이 회사는 GM의 일원으로 활약하게 된다.

대표적인 차종으로는 아스트라, 벡트라, 오메가 등이 있다.

독일의 고속도로 "아우토반"

독일의 자동차들 못지 않게 우리에게 잘 알려진 것은 속도제한이 없는 것으로 더 유명한, 우리의 고속도로나 미국의 하이웨이(Highway)에 해당하는 아우토반(Autobahn)이다.

초지역적 교통 도로망은 1995년 기준 총 연장 229,000㎞이고 그중 11,000㎞가 아우토반이다. 아우토반은 미국 다음으로 세상에서 가장 긴 고속도로망으로 통행료가 없다는 것도 특이하다. 구 동독에서 편입된 새 연방 주들을 제외하고는, 현재는 더 이상 새로운 구간을 건설하지 않고 있으며, 단지 좁은 길의 확장과 사고다발지역의 해소 그리고 구조적으로 취약한 지역들의 연결에 주력하고 있다.

대부분의 독일 도로에는 단계별로 속도제한이 있다. 연방도로에서는 일반적으로 최고속도가 시속 100㎞로 제한되며, 도심에서는 50㎞/h, 주거지역에서는 흔히 30㎞/h로 제한하고 있다. 아우토반은, 우리에게 일반적으로 알려진 것과는 달리, 일부 구역에는 속도제한이 있다.

그리고 특이한 것은 우리나라의 고속도로와는 달리 일정 배기량 이상의 이륜차, 즉 오토바이도 주행할 수 있다는 점이다.

LEKTION 10

Auf dem Hauptbahnhof

DB

RUF Jugendreisen

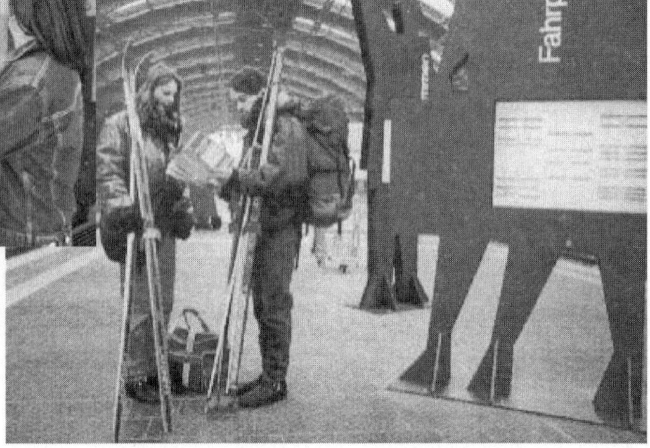

Dialog

Auf dem Hauptbahnhof

Namil fährt heute mit dem Zug nach München. Er ist jetzt im Kölner Hauptbahnhof. Er geht zum Schalter und kauft eine Fahrkarte.

Namil	Guten Tag. Ich möchte nach München fahren.
Angestellte	Wann wollen Sie fahren?
Namil	Heute Nachmittag.
Angestellte	Sie können um 15.27 Uhr fahren, dann sind Sie um 21.11 Uhr in München.
Namil	Lieber früher.
Angestellte	Um 15 Uhr, dann müssen Sie in Mannheim umsteigen. Das ist der ICE.
Namil	Wann fährt der Zug in Mannheim ab?
Angestellte	Um 17.30 Uhr. Dann sind Sie um 20.21 Uhr in München.
Namil	Den nehme ich.
Angestellte	Einfach oder hin und zurück?
Namil	Einfach, bitte.
Angestellte	Erster oder zweiter Klasse?
Namil	Zweiter Klasse, bitte.
Angestellte	Einen Moment, bitte. Das kostet 135 Euro.

Namil steigt in den Zug ein.

Namil	Entschuldigen Sie! Ist dieser Platz noch frei?
Mann	Ja. Bitte nehmen Sie Platz!
Namil	Danke schön!
Mann	Wohin fahren Sie?
Namil	Ich fahre nach München. Und von München fahre ich nach Wien.
Mann	Fahren Sie sofort von München nach Wien?
Namil	Nein, ich bleibe eine Woche in München.
Mann	Seit wann sind Sie in Deutschland?
Namil	Seit einer Woche.
Mann	Was machen Sie in Deutschland?
Namil	Ich mache eine Reise.
Mann	Schön! Ich wünsche Ihnen viel Spaß und eine gute Reise!
Namil	Vielen Dank!

< 독일의 초고속열차 ICE >

새로운 단어 및 표현

der Hauptbahnhof 중앙역

fahren 통행인

der Zug 기차

der Schalter (은행 등의) 창구

die Fahrkarte 승차권

wann 언제 (의문부사)

wollen 원하다 (화법조동사)

umsteigen 갈아타다

der ICE(InterCityExpress) 독일의 초고속열차

abfahren 출발하다

Einfach, bitte! 편도로 주세요! einfach 1. 간단한 2. 한번 또는 한쪽의

hin und zurück 왕복

Erster Klasse 1등 칸

Zweiter Klasse 2등 칸

Einen Moment, bitte. 잠깐만 기다리세요. *der* Moment 순간

in den Zug einsteigen 기차에 오르다

Platz nehmen 자리에 앉다 *der* Platz 좌석, 자리

frei 자유로운, 자리가 빈

sofort 즉시, 지체 없이

bleiben 머무르다

die Woche (한) 주간, (일) 주일

eine Reise machen 여행하다 *die* Reise 여행

wünschen 바라다

viel Spaß! 재미 많이 봐라! 즐겁게 지내라!

해석

앞의 대화에서 중요한 부분을 채워봅시다.

중앙역에서

남일은 오늘 기차를 타고 뮌헨에 간다. 그는 지금 쾰른 중앙역에 와 있다. 그는 창구로 가서 승차권을 산다.

Namil	안녕하세요. ______________________.
Angestellte	언제 가실 거죠?
Namil	오늘 오후에요.
Angestellte	15시 27분에 출발하는 열차를 타실 수 있습니다. 그러면 뮌헨에는 21시 11분에 도착합니다.
Namil	시간이 보다 일찍 이었으면 좋겠군요.
Angestellte	15시 정각에 있습니다. 그 후에 만하임에서 열차를 갈아타셔야 합니다. 그 기차는 ICE입니다.
Namil	____________________________?
Angestellte	17시 30분입니다. 그러면 뮌헨에는 20시 21분에 도착합니다.
Namil	그 열차로 하겠습니다.
Angestellte	____________________________?
Namil	편도표로 주십시오.
Angestellte	____________________________?
Namil	2등 칸으로 주세요.
Angestellte	잠깐만요. 135 유로입니다.

남일이 열차에 올라탄다.

Namil	실례합니다. ____________________?
Mann	예, 앉으세요.
Namil	고맙습니다.
Mann	어디로 가십니까?
Namil	저는 뮌헨에 갑니다. 그리고 뮌헨에서 빈으로 갑니다.
Mann	뮌헨에서 곧바로 빈으로 가실 건가요?
Namil	아닙니다. 뮌헨에서 일주일 머무를 겁니다.
Mann	____________________?
Namil	일주일 되었습니다.
Mann	____________________?
Namil	여행 중 입니다.
Mann	좋군요. 재미있는 시간과 좋은 여행이 되기를 바랍니다.
Namil	고맙습니다.

Lernen

● 승차권 사기

Fahrgast : Ich möchte	heute nach Berlin heute Abend nach Hamburg morgen früh nach München übermorgen nach Köln	(fahren).

Fahrgast : Wann fährt der Zug	heute nach Frankfurt? heute Abend nach Heidelberg? morgen früh nach Mannheim? übermorgen nach Bremen?

Fahrgast : Eine Fahrkarte nach Berlin, bitte.

Fahrgast : Zwei Fahrkarten nach Köln, bitte.

Fahrgast : Ich will eine direkte Verbindung nach	Stuttgart. Dresden. Münster.

Angestellte : Einfach oder hin und zurück?

Fahrgast : Einfach, bitte.

Fahrgast : Hin und zurück, bitte.

Angestellte : Erster oder zweiter Klasse?

Fahrgast : Erster Klasse, bitte.

Fahrgast : Zweiter Klasse, bitte.

Fahrgast : Muss ich umsteigen?

Angestellte : Ja, in	Mannheim. Nürnberg. Stuttgart.

Angestellte : Nein, der fährt direkt nach	Frankfurt. Hamburg. Leipzig.

Fahrgast : Wann kommt der Zug in	Berlin Hamburg München	an?

Angestellte : Der Zug kommt	in Berlin um 14:00 Uhr in Hamburg um 21:15 Uhr in München um 10:30 Uhr	an.

Fahrgast : Was kostet die Fahrkarte?

Angestellte : Das kostet 100 Euro.

Fahrgast : Gibt es eine Ermäßigung für	Kinder? Familien? Studenten?

Fahrgast : Muss ich einen Platz reservieren?

Fahrgast : Von welchem Gleis fährt der Zug ab?

종합 연습
Alle zusammen

● 다음 대화에서 빈칸에 알맞은 독일어 문장을 써넣으시오.

(Am Fahrkartenschalter)

Fahrgast Guten Morgen.

Angestellte Guten Morgen

Fahrgast ______________________________. (함부르크에 가려고 합니다.)

Angestellte ______________________________? (언제 가실 겁니까?)

Fahrgast Heute Nachmittag.

Angestellte Sie können um 13.17 Uhr fanren. Das ist der ICE.

Fahrgast ______________________________? (차를 갈아타야만 합니까?)

Angestellte Ja, in Frankfurt.

Fahrgast ______________________________?
(프랑크푸르트에서는 언제 출발합니까?)

Angestellte Um 13.59 Uhr. Dann sind Sie um 17.22 Uhr in Hamburg.

Fahrgast Den nehme ich.

Angestellte ______________________________?
(편도권으로 드릴까요? 왕복권으로 드릴까요?)

Fahrgast Hin und zurück, bitte.

Angestellte ______________________________?
(일등석으로 드릴까요? 아니면 이등석으로 드릴까요?)

Fahrgast Erster Klasse, bitte.

● 다음 기차표를 보고 1)과 같이 문장을 만들어 보시오.

Köln Hbf → München Hbf
631km

ab	Zug	Umsteigen	an	ab	Zug	an	verkehrstage
1) 9.00	EC 103	Mannheim Hbf	11.23	11.27	ICE 591	14.16	täglich
2) 9.30	EC 115					15.12	täglich
3) 10.00	EC 9	Mannheim Hbf	12.23	12.27	ICE 793	15.16	täglich
4) 10.30	IC 513	Stuttgart Hbf	13.47	13.55	EC 65	16.42	täglich
5) 10.54	IC 727	Nürnberg	15.22	15.26	IC 813	17.08	Mo - Sa

1) A: Wann fährt der EC 103 vom Kölner Hauptbahnhof ab?
   B: Er fährt um 9 Uhr ab.
   A: Muss ich umsteigen?
   B: Ja, in Mannheim.
   A: Wann kommt er im Mannheimer Hauptbahnhof an?
   B: Er kommt um 11.23 Uhr an.
   Der ICE 591 fährt um 11.27 Uhr ab.
   Dann sind Sie um 14.16 Uhr in München.
   A: Wie lange dauert die Fahrt von Köln nach München?
   B: Sie dauert 5 Stunden und 16 Minuten.
   A: Wie oft fährt der Zug nach München?
   B: Er fährt täglich.

2) A: ____?
   B: ____________________.

A: Muss ich umsteigen?

B: Nein, der EC fährt durch.

A: ____?

B: ______________________.

A: ____?

B: ________________________________.

A: ________________________________?

B: _______________.

3) A: ____?

B: __________________.

A: ________________?

B: ______________.

A: ____?

B: ______________________.

________________________________.

__________________________________.

A: ____?

B: ________________________________.

A: ________________________________?

B: _______________.

4) A: ____?

B: __________________.

A: ________________?

B: ________________.

A: ____?

B: __________________________.

____________________________________.

____.

A: ____?

B: ______________________________________.

A: ______________________________________?

B: _________________.

5) A: ____?

B: _____________________.

A: ___________________?

B: ________________.

A: ____?

B: __________________________.

____________________________________.

____.

A: ____?

B: ______________________________________.

A: ______________________________________?

B: _________________.

● 다음 사진에 해당하는 독일어 낱말을 보기에서 골라 써넣으시오.

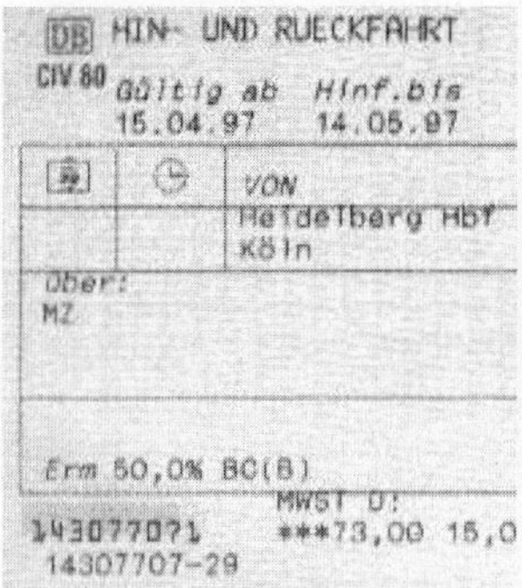

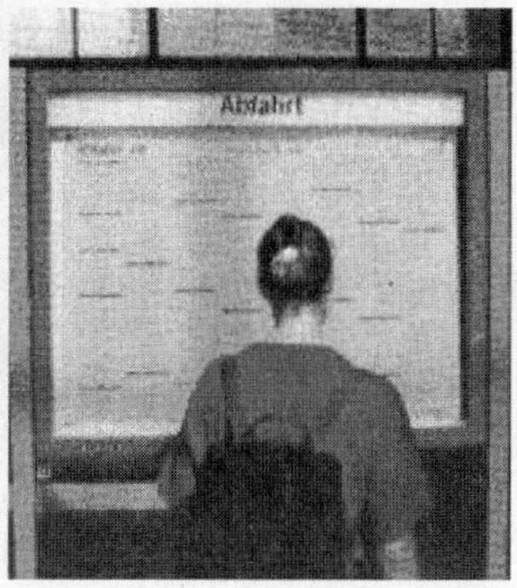

__________ __________ __________

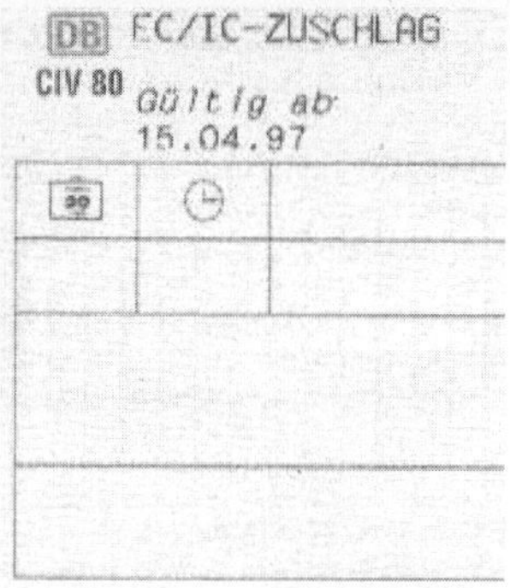

__________ __________ __________

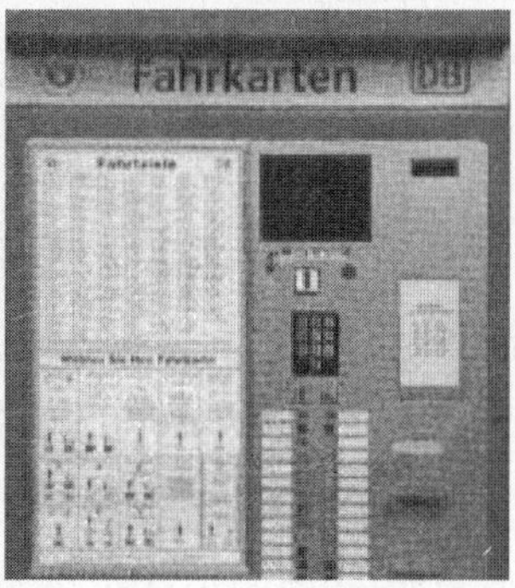

__________ __________

보기	*der* Schalter *der* Fahrplan *das* Gepäck *die* Fahrkarte 1./2.Klasse *der* Fahrkartenautomat *der* IC-Zuschlag *das* Gleis

Grammatik

● 3 · 4격 지배 전치사

[1] 3 · 4격 지배 전치사는 주로 장소를 나타내는 전치사들이다. 정지된 상태나 위치를 나타낼 때는 3격 목적어를, 운동의 방향을 나타낼 때는 4격 목적어를 사용한다.

auf, an, in, vor, hinter, über, unter, neben, zwischen

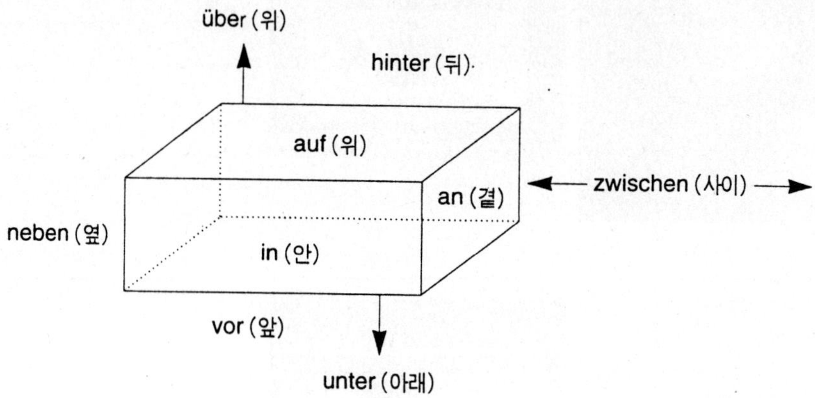

• auf	Das Buch liegt **auf dem** Tisch.
	Er legt das Buch **auf den** Tisch.
• an	Das Bild hängt **an der** Wand.
	Ich hänge das Bild **an die** Wand.
• in	Wir sind **in der** Schule.
	Wir gehen **in die** Schule.
• vor	Das Taxi hält **vor unserem** Haus.
	Er stellt das Auto **vor das** Hotel.
• hinter	Das Motorrad steht **hinter der** Garage.

Stell das Fahrrad **hinter das** Haus.

- über　Die Lampe hängt **über dem** Tisch.
  Der Entenschwarm fliegt **über den** Fluss.
- unter　Die Katze sitzt **unter dem** Stuhl.
  Die Katze setzt sich **unter den** Stuhl.
- neben　Die Lampe steht **neben dem** Tisch.
  Der Kellner legt das Besteck **neben den** Teller.
- zwischen　**Zwischen dem** Tisch und **dem** Fenster ist noch Platz.
  Er hängt die Hängematte **zwischen** zwei Bäume.

☞ - 자동사 sitzen / stehen / liegen / hängen(강변화) + 전치사 + 3격
- 타동사 setzen / stellen / legen / hängen(약변화) + 전치사 + 4격

[2] 장소의 이동을 나타내는 gehen, fahren 등의 동사라도 hin und her 혹은 auf und ab이 같이 나오면 3・4격 지배 전치사는 3격으로 사용된다(일정 장소 내에서의 운동).

Der Polizist geht **auf der** Straße **hin und her**. (이곳저곳)
Die Kinder gehen **im** Zimmer **auf und ab**. (이리저리)

[3] 때와 시간을 나타낼 때는 3격으로 사용된다.

- **an** 하루의 때, 요일, 날짜에 사용

am Morgen (아침에)	am Vormittag (오전에)
am Mittag (정오에)	am Nachmittag (오후에)
am Abend (저녁에)	am Donnerstag (목요일에)
am Wochenende (주말에)	

☞ in der Nacht (밤에)

- **in** 주, 월, 계절, 연도에 사용

in einer Woche (일주일 후에)	in dieser Woche (이번 주에)
im Oktober (10월에)	im Winter (겨울에)
im Jahr 2003 (2003년에)	in diesem Jahr (금년에)

☞ zu Weihnachten (성탄절에) zum Geburtstag (생일에)

문법연습

1. 밑줄 친 곳에 알맞은 정관사를 넣으시오.
   1) Ich stelle die Vase auf _______ Tisch.
   2) Das Kino ist zwischen _______ Bahnhof und _______ Post.
   3) Er hängt die Lampe über _______ Tisch.
   4) Die Mutter setzt das Kind auf _______ Stuhl.
   5) Das Bild hängt an _______ Wand.
   6) Die Studentin sitzt an _______ Schreibtisch.
   7) Der Koffer steht neben _______ Schrank.
   8) Das Heft liegt unter _______ Bett.
   9) Ich fahre in _______ Stadt.
   10) Ich bin in _______ Büro.
   11) Ich gehe hinter _______ Haus.
   12) Meine Tochter legt den Kugelschreiber auf _______ Tisch.

2. 주어진 낱말들을 이용하여 보기와 같은 문장을 만들어 보시오.

Zeitung / auf / Tisch / liegen *Wo liegt denn die Zeitung?* *Auf dem Tisch! Du weißt doch, ich lege die Zeitung immer auf den Tisch.*

   1) Fotos (Pl.) / in / Schublade (f)/ liegen

   _____________________________?

____.

2) Jacke (f) / an / Gardeobe (f) / hängen

___________________________?

____.

3) Puppe (f) / auf / Stuhl (m) / sitzen

___________________________?

____.

4) Schlüssel (Pl.) / neben / Tür (f) / hängen

___________________________?

____.

5) Besen (m) / in / Ecke (f) / stehen

___________________________?

____.

6) Vogel (m) / in / Käfig (m) / sitzen

___________________________?

____.

7) Wecker (m) / auf / Nachttisch (m) / stehen

___________________________?

____.

8) Sachallplatten (Pl.) / in / Schrank (m) / liegen

___________________________?

____.

9) Handtuch (n) / neben / Waschbecken (n) / hängen

___________________________?

____.

Landeskunde

독일의 명소 (II)

드레스덴의 츠빙어 궁전

바로크 건축물의 최고 걸작품으로 꼽히며 드레스덴에서 가장 유명한 건축물이다. 사진 왼쪽 정면에 왕관을 얹어놓은 모양의 '왕관의 문'이 보인다. (작센 주)

뤼벡 시의 상징 홀스텐 문

예전에 한자도시 뤼벡을 방어하기 위한 시설의 일부로 1464~1478년에 건설되었다. 현재 내부는 시 역사박물관으로 일반인에게 개방하고 있다. (슐레스비히-홀슈타인 주)

프로이덴베르크의 목골가옥

오랜 역사를 가진 유럽의 거리에서 아취에 넘치는 목재 골격의 집들을 보면 감탄의 소리가 절로 나온다. 독일에는 목재 골격 구조의 집이 특히 많다. 독일어로는 파흐베르크하우스(Fachwerkhaus)라 한다. (노르트라인-베스트팔렌 주)

독일 최대의 호수 보덴제
오스트리아와 스위스에도 걸쳐 있는 독일 최대의 호수로 '슈바벤의 바다'로도 불린다. 전체 면적은 538.5㎢이고, 독일 지역만은 305㎢이다. 호수 안에는 꽃의 섬 마이나우가 떠 있으며, 호수 주변의 큰 도시로는 콘스탄츠와 메어스부르크가 있다. (바덴-뷔르템베르크 주)

작센의 스위스
드레스덴에서 엘베 강을 거슬러 올라가면 체코의 국경 부근에 강 양쪽으로 깎아지른 것 같은 바위산이 솟아 있는 지대가 나온다. 이 부근의 사암 지구는 오랜 기간의 침식 작용에 의해서 계곡 바닥부터 100m나 되는 높이의 단층 절벽 지형이 만들어진 것으로 그 절경이 아닐 수 없다. 스위스의 알프스와 같이 경치가 빼어나다 하여 사람들은 이곳을 '작센의 스위스'라 부른다. (작센 주)

뤼겐 섬의 백악암
독일에서 가장 큰 섬인 뤼겐(926㎢)은 발트 해의 대표적인 여름 휴양지이다. 섬의 자연경관 중에서도 해변 가의 하얀 절벽인 백악암이 절경으로 꼽힌다. 이 해안의 풍경을 낭만주의 시대의 화가 카스파 다비드 프리드리히가 낭만적으로 그려 더욱 널리 알려졌다. (메클렌부르크-포어폼머른 주)

에어푸르트 - 크레머 다리
독일어로 '크레머'(Krämer)는 '상인'을 뜻한다. 푸르트 강에 놓인 다리의 양쪽에 상점이 늘어서 있는 것이 이채롭다. 번영을 누리던 12세기 초에는 동서 교역의 중심지로서 상점의 수가 62채에 이르렀으며, 먼 곳에서 온 행상인들로 붐볐다 한다. 다리 너머의 교회 탑에 올라가면 에어푸르트의 시가지를 내려다 볼 수 있다. (튀링엔 주)

포츠담의 상수시 궁전
포츠담은 프로이센의 왕 프리드리히 2세(1712~1786)가 이곳에 거처를 정하면서 대도시로 성장하였고 또한 유명해졌다. 그는 로코코 양식의 아름다운 궁전 상수시를 짓고 이곳에서 오랫동안 살았다. 상수시는 프랑스어로 '근심이 없다'는 뜻으로 無憂宮이라고도 한다. (브란덴부르크 주)

바르트부르크 성
종교개혁가 마르틴 루터가 1521~22년에 이 성에 은둔해 있으면서 신약성서를 독일어로 번역하였다. (튀링엔 주)

독일의 기차

- **ICE** (InterCity-Express): 독일의 초고속열차. 프랑스의 TGV와 일본의 신간선과 더불어 세계 3대 초고속열차이다. 1991년부터 대도시들을 연결 운행하고 있으며, 일반적으로 최고 주행속도 시속 250㎞ 이상으로 달린다. ICE 3의 경우 최고 주행속도가 시속 300㎞에 이른다.

- **IC** (InterCity-Zug) / **EC** (EuroCity-Express): IC는 독일의 대도시들을 연결하여 운행되는 기차이다. EC는 독일과 유럽의 여러 도시들을 연결하여 운행되는 열차로, 독일 국내 구간에서는 IC와 같은 역할을 한다. 독일에서는 현재 매일 전 노선에서 약 130편의 차량이 운행 중이다.

- **D-Zug** (Durchgangszug): ICE, IC, EC가 정차하지 않은 비교적 작은 지역들 역에도 정차하는 급행열차.

- **IR** (Interregio-Zug): D-Zug을 대체하여 등장한 열차. 독일의 여러 지역을 연결한다. 일반적으로 2시간 거리의 중소도시들을 연결한다. 매일 약 340편의 차량이 운행 중이다.

- **RB** (Regio-Bahn): 한 도시나 지역 안에서 운행되는 열차.

- **S-Bahn** (Schnellbahn): RB과 더불어 한 도시나 지역 안에서 운행되는 열차.

속 담　SPRICHWÖRTER

- Aller Anfang ist schwer.
  시작은 늘 어려운 일이다.
- Übung macht den Meister.
  연습이 대가를 만든다.
- Ohne Fleiß kein Preis
  노력 없이는 상을 받을 수 없다.
- Die Wände haben Ohren
  낮말은 새가 듣고 밤말은 쥐가 듣는다.
- Reden ist Silber, Schweigen ist Gold.
  웅변은 은이고, 침묵은 금이다.
- Aus den Augen, aus dem Sinn
  눈에서 멀어지면 마음에서도 멀어진다.
- Hunger ist der beste Koch.
  시장이 반찬이다.
- Eile mit Weile
  급할수록 천천히.
- Keine Regel ohne Ausnahme.
  예외 없는 규칙 없다.
- Erst denken, dann handeln.
  먼저 생각하고 그 다음에 행동하라.
- Ende gut, alles gut
  끝이 좋으면 모든 것이 좋다.

강변화 및 불규칙 동사표

부 정 법	직 설 법		접 속 법	과거 분사	명 령 법
	현 재	과 거	II식		
beginnen 시작하다		**begann**	begänne (begönne)	**begonnen**	beginn(e)
bieten 제공하다		**bot**	böte	**geboten**	biet(e)!
bitten 청하다		**bat**	bäte	**gebeten**	bitte(e)!
bleiben 머물다		**blieb**	bliebe	**geblieben**	bleib(e)!
brechen 깨뜨리다	du brichst er bricht	**brach**	bräche	**gebrochen**	brich!
bringen 가져오다		**brachte**	brächte	**gebracht**	bring(e)!
denken 생각하다		**dachte**	dächte	**gedact**	denke(e)!
dürfen 해도 좋다	ich darf du darfst er darf	**durfte**	dürfte	**gedurft** **(dürfen)**	
essen 먹다	du isst er isst	**aß**	äße	**gegessen**	iss!
fahren 타고 가다	du fährst er fährt	**fuhr**	führe	**gefahren**	fahr(e)!
fallen 떨어지다	du fällst er fällt	**fiel**	fiele	**gefallen**	fall(e)!
fangen (붙)잡다	du fängst er fängt	**fing**	finge	**gefangen**	fang(e)!

부 정 법	직 설 법		접 속 법	과거 분사	명 령 법
	현 재	과 거	II식		
finden 발견하다		**fand**	fände	**gefunden**	find(e)!
fliegen 날다		**flog**	flöge	**geflogen**	flieg(e)!
fliehen 달아나다		**floh**	flöhe	**geflohen**	flieh(e)!
fließen 흐르다	du fließt	**floss**	flösse	**geflossen**	fließ(e)!
gebären 낳다	du gebierst sie gebiert	**gebar**	gebäre	**geboren**	gebier!
geben 주다	du gibst er gibt	**gab**	gäbe	**gegeben**	gib!
gehen 가다		**ging**	ging	**gegangen**	geh(e)!
gewinnen 얻다		**gewann**	gewänne (gewönne)	**gewonnen**	gewinn(e)!
gießen 붓다	du gießt	**goss**	gösse	**gegossen**	gieß(e)!
haben 가지다	du hast er hat	**hatte**	hätte	**gehabt**	habe!
halten 정지하다	du hältst er hält	**hielt**	hielte	**gehalten**	halt(e)!
hängen 걸려있다		**hing**	hinge	**gehangen**	häng(e)!
heben 올리다		**hob**	höbe (hübe)	**gehoben**	heb(e)!
heißen ~라 불리다	du heißt	**hieß**	hieße	**geheißen**	heiß(e)!
helfen 돕다	du hilfst er hilft	**half**	hülfe (hälfe)	**geholfen**	hilf!

부 정 법	직 설 법		접 속 법	과거 분사	명 령 법
	현 재	과 거	II식		
kennen 알다		**kennte**	kennte	**gekannt**	kenn(e)!
klingen 울리다		**klang**	klänge	**geklungen**	kling(e)!
kommen 오다		**kam**	käme	**gekommen**	komm(e)!
können 할 수 있다	ich kann du kannst er kann	**konnte**	könnte	**gekonnt** **(können)**	
laden (짐을) 싣다	du lädst er lädt	**lud**	lüde	**geladen**	lad(e)!
lassen 하게 하다	du lässt er lässt	**ließ**	ließe	**gelassen**	lass!
laufen 달리다	du läufst er läuft	**lief**	liefe	**gelaufen**	lauf(e)!
leihen 빌려주다		**lieh**	liehe	**geliehen**	leih(e)!
lesen 읽다	du liest er liest	**las**	läse	**gelesen**	lies!
liegen 놓여있다		**lag**	läge	**gelegen**	lieg(e)!
mögen 좋아하다	ich mag du magst er mag	**mochte**	möchte	**gemocht** **(mögen)**	
müssen 해야한다	ich muss du musst er muss	**musste**	müsste	**gemusst** **(müssen)**	
nehmen 잡다, 쥐다 (차를) 타다	du nimmst er nimmt	**nahm**	nähme	**genommen**	nimm!

부 정 법	직 설 법		접 속 법	과거 분사	명 령 법
	현 재	과 거	II식		
rufen 부르다		**rief**	riefe	**gerufen**	rief(e)!
scheinen 빛나다		**schien**	schiene	**geschienen**	schein(e)!
schießen 쏘다	du schießt	**schoss**	schösse	**geschossen**	schieß(e)!
schlafen 자다	du schläfst er schläft	**schlief**	schliefe	**geschlafen**	schlaf(e)!
schließen 닫다	du schließt	**schloss**	schlösse	**geschlossen**	schließ(e)!
schneiden 자르다		**schnitt**	schnitte	**geschnitten**	schneid(e)!
schreiben 쓰다		**schrieb**	schriebe	**geschrieben**	schreib(e)!
schreien 외치다		**schrie**	schriee	**geschrie(e)n**	schrei(e)!
schweigen 침묵하다		**schwieg**	schwiege	**geschwiegen**	schweig(e)!
sehen 보다	du siehst er sieht	**sah**	sähe	**gesehen**	sieh(e)!
sein 있다 ...이다	ich bin du bist er ist	**war**	wäre	**gewesen**	sei!
singen 노래하다		**sang**	sänge	**gesungen**	sing(e)!
sitzen 앉아 있다	du sitzt	**saß**	säße	**gesessen**	sitz(e)!
sollen 마땅히... 해야한다	ich soll du sollst er soll	**sollte**	sollte	**gesollt** **(sollen)**	

부 정 법	직 설 법		접 속 법	과거 분사	명 령 법
	현 재	과 거	II식		
sprechen 말하다	du sprichst er spricht	**sprach**	spräche	**gesprochen**	sprich!
springen 뛰어 오르다		**sprang**	spränge	**gesprungen**	spring(e)!
stehen 서 있다		**stand**	stände (stünde)	**gestanden**	steh(e)!
stehlen 훔치다	du stiehlst er stiehlt	**stahl**	stöhle (stähle)	**gestohlen**	stiehl!
steigen 오르다		**stieg**	stiege	**gestiegen**	steig(e)!
sterben 죽다	du stirbst er stirbt	**starb**	stürbe	**gestorben**	stirb!
tragen 나르다	du trägst er trägt	**trug**	trüge	**getragen**	trag(e)!
treffen 만나다	du triffst er trifft	**traf**	träfe	**getroffen**	triff!
treten 밟다, 걷다	du trittst er tritt	**trat**	träte	**getreten**	tritt!
trinken 마시다		**trank**	tränke	**getrunken**	trink(e)!
tun 하다	du tust er tut	**tat**	täte	**getan**	tu(e)!
vergessen 잊다	du vergisst er vergisst	**vergaß**	vergäse	**vergessen**	vergiß!
verlieren 잃다		**verlor**	verlöre	**verloren**	verlier(e)!
wachsen 성장하다	du wächst er wächst	**wuchs**	wüchse	**gewachsen**	wachs(e)!
waschen 씻다	du wäschst er wäscht	**wusch**	wüsche	**gewaschen**	wasch(e)!

부 정 법	직 설 법		접 속 법	과거 분사	명 령 법
	현 재	과 거	II식		
werden 되다	du wirst er wird	**wurde**	würde	**geworden**	werd(e)!
werfen 던지다	du wirst er wird	**warf**	würfe (wärfe)	**geworfen**	wirf!
wissen 알다	ich weiß du weißt er weiß	**wusste**	wüsste	**gewusst**	wisse!
wollen 원하다	ich will du willst er will	**wollte**	wollte	**gewollt** **(wollen)**	wolle!
ziehen 끌다		**zog**	zöge	**gezogen**	zieh(e)!